Reise durch

SRI LANKA

Bilder von
Thomas Haltner und Johann Scheibner

Texte von
Walter M. Weiss

Stürtz

Erste Seite:
Mit Kokosöl gefüllte Opferkerzen im Gangaramaya-Tempel, einer der wichtigsten buddhistischen Kultstätten der Hauptstadt Colombo. Mehr als zwei Drittel der Inselbewohner folgen dem sogenannten Theravada-Buddhismus.

Vorherige Seite:
Ein Paradebeispiel für einen Traumstrand, wie er idealtypisch jedem exquisiten Ferienkatalog zur Ehre gereichte, ist Matara Beach. Wie vielerorts rund um die Insel lassen sich auch hier an der Südküste Sri Lankas Hektik und Trübsal des Alltags rasch vergessen.

Unten:
Sri Lankas Bevölkerung versteht es zu feiern. Anlass für viele Feste gibt die Erinnerung an Ereignisse im Leben des Buddha. Doch auch die Anhänger anderer Religionen inszenieren, wie auf diesem Bild hinduistische Bewohner

Colombos im Altstadtbezirk Pettah, farbenprächtige – und sehr fotogene – Festzüge.

Seite 10/11: Eine Fundgrube der Attraktionen bildet insbesondere für Studienreisende das sogenannte „Kulturelle Dreieck“. Es erstreckt sich, umgrenzt von den drei ehemaligen Hauptstädten Kandy, Anuradhapura und Polonnaruwa, in der geografischen Mitte der Insel. Zu seinen kulturhistorisch wie landschaftlich spektakulärsten Sehenswürdigkeiten zählt die Felsenfestung von Sigiriya.

Inhalt

„Ayubowan!" – Willkommen im Tropenparadies!

Singhalesen, die Mehrheitsbevölkerung des Inselstaates, sind Buddhisten. Als Pilgerort von überragender Bedeutung gilt ihnen Kandy. Im dortigen Haupttempel, dem Dalada Maligawa, wird eine Zahnreliquie des Buddha aufbewahrt und angebetet.

Eine Träne, die in grauer Urzeit vom nördlich angrenzenden Subkontinent ins Meer tropfte; eine Perle, sanft umspült von den warmen Fluten des Indischen Ozeans; oder, wie Marco Polo in seinem mittelalterlichen Reisebestseller „Il Milione" schwärmte: schlicht „die prächtigste Insel solcher Größe auf Erden". Seit alters haben romantisch veranlagte Kartografen, Entdecker, Weltreisende und Händler nach Worten und Metaphern gesucht, um ihrer Faszination für Sri Lanka Ausdruck zu verleihen. Die antiken Griechen nannten die Insel prosaisch Tabrobane, „Kupferland", aber auch „das südliche Ende der bekannten Welt", und die Inder Parasamudra, „Land hinter dem Ozean". Doch schon in der ursprünglichen Eigenbezeichnung Sihala, die auf einen angeblichen Löwen als Bräutigam einer Prinzessin und damit mythischen Urahn der singhalesischen Mehrheitsbevölkerung anspielt, schwingt ein wunderlich-exotischer Zauber mit. Die Araber formten den Namen in Saheelan um, woraus die Portugiesen, Holländer und Briten schließlich Ceilao, Seylan und Ceylon machten. Eine andere, persische Benennung – die sich bis heute im englischen Begriff serendipity (dem „glücklichen Zufallsfund") widerspiegelt – lautete Serendib, „die Bezaubernde". Die Thai sprachen von Tewa Lanka, dem „göttlichen Land". Und der heutige, offizielle, im Sanskrit wurzelnde Name Sri Lanka bedeutet nichts weniger als „ehrenwertes", laut anderen Quellen auch „prachtvolles Land".

Eine sprachhistorische Spurensuche mag bisweilen ein wenig ins Spekulative abgleiten. Jedenfalls aber zeigt sie, dass Reisende aller Zeiten und Herkünfte stets das Einzigartige dieser Insel erkannten und folglich, nicht selten poetisch überhöht, in höchsten Tönen priesen. Kaum anders wird es heutigen Urlaubern ergehen, selbst wenn sie, anstatt wie seinerzeit mit gebührlicher Langsamkeit über Wochen und

Meere per Schiff, unvermittelt im Großraumjet anlanden. In Sri Lanka kommen die irdischen Verhältnisse – natürlich, nicht überall, aber vielerorts – der gängigen Vorstellung vom Naturparadies in der Tat so nahe, wie nur in sehr wenigen anderen Gegenden dieser Welt.

Ein Paradies mit Widersprüchen

Von *Ilankai jananayaka camattuva kutiyaracu*, der „Demokratischen Sozialistischen Republik Sri Lanka", wie sich der Inselstaat seit 1972 offiziell nennt, kann man auf zweierlei Weise sprechen. Man kann, und dies sollte man, klar, vor allem, von seiner betörenden Vielfalt an landschaftlichen und kulturellen Attraktionen schwärmen – von den schier endlosen, palmgesäumten Sandstränden und dem türkisfarbenen, wohlig warmen Meer, von den immergrünen Teppichen aus Teesträuchern in den Hügeln des Hill Country und den dichten Regen- und Mangrovenwäldern im Tiefland; überhaupt von der ungemein üppigen Vegetation und der nicht minder reichen Tierwelt. Auch die grandiosen Stupas (die hierzulande Dagobas heißen) gilt es zu rühmen, die Tempel und Klöster und Buddha-Figuren, und jene erhabenen Ruinenstätten, deren Anfänge in vorchristlich-ferne Vergangenheiten zurückreichen. Und selbstverständlich ist vom Charme der Menschen zu erzählen, ihrer Glaubensstärke, der unumstößlichen Sanftmut gegenüber allen Gästen und geradezu infektiösen Freude am Festefeiern. So betrachtet, erscheint das Land als eine Insel der Idylle im Strom der Zeit, ein, überspitzt formuliert, Shangri-La für nostalgische und zivilisationsmüde Weltenbummler, die dem „magischen" Südasien aus den Büchern eines Joseph Conrad, Rudyard Kipling oder William Somerset Maugham nachtrauern und sich, vor der europäischen Winterkälte flüchtend, an den Klängen von Meditationsglöckchen und Gongs und dem Sandelaroma von Räucherstäbchen berauschen.

Man kann freilich auch von der harschen Kehrseite dieser Realität im Sri Lanka des 20. und 21. Jahrhunderts erzählen: von dem Bürgerkrieg zwischen Singhalesen und Tamilen, der an die 100 000 Menschenleben kostete und die Nation über ein Vierteljahrhundert lang, von 1983 bis 2009, zerriss; und von der autokratischen Politik Mahinda Rajapaksas, des letzten Präsidenten, der nach dem Kriegsende keinerlei Anstalten machte, die beiden Bevölkerungsgruppen nachhaltig zu versöhnen; eher im Gegenteil. Die Tsunami-Katastrophe am zweiten Weihnachtstag 2004 mit mehr als 30 000 Toten kann man erwähnen; oder die – trotz der für ein Entwicklungsland vorbildlich qualitätvollen, flächendeckenden und kostenlosen medizinischen und schulischen Versorgung – immer noch recht verbreitete Armut. Auch das Faktum muss nicht verschwiegen werden, dass mit der Einführung der gültigen Verfassung (1972) das Kastensystem zwar offiziell endgültig abgeschafft wurde, dessen strikte hierarchische Trennung diverser sozialer Schichten jedoch mit all den Mechanismen der Benachteiligung und Unterdrückung sehr wohl noch stark nachwirkt. So trübt man zwar vielleicht jenen harmoniesüchtigen Gästen, die sich mit einer malerischen Kulisse begnügen und auf der Suche nach Entspannung, Kurzweil und Sonnenbräune die kontroverse Gegenwart tunlichst aussparen, den Urlaubsspaß. Doch wird man dem inneren Wesen dieses vielschichtigen Landes weit mehr gerecht und lernt es besser verstehen. Und der Freude an der schwelgerischen Pracht der Natur, den Kunstschätzen und der Liebenswürdigkeit der Bewohner tut das Wissen um die Schattenseiten ja wohl keinen Abbruch. Zumal, wenn man weiß, dass die materiellen Tsunami-Schäden mittlerweile zum Gutteil behoben und die Armutsraten seit Kriegsende markant gesunken sind, und dass 2015 mit Maithrupala Sirisena ein neuer, ungleich demokratischer gesinnter und konzilianterer Politikertypus in den Präsidentenpalast eingezogen ist.

Traumstrände und Heilige Berge

Mit 65 000 Quadratkilometern ist Sri Lanka kleiner als Bayern, doch seine Bevölkerungsdichte ist mit fast 340 Einwohnern pro Quadratkilometer doppelt so hoch. Die Insel, deren Umrisse die holländischen Kolonisatoren einst, nüchtern wie nordische Kaufleute oft sind, mit einer Schinkenkeule verglichen, liegt sechs bis zehn Breitengrade nördlich des Äquators ergo innerhalb des Tropengürtels. Sie misst an ihrer breitesten Stelle in Ost-West-Richtung 225 Kilometer. Ihre maximale Nord-Süd-Ausdehnung hingegen beträgt, von der Halbinsel Jaffna bis zum Dondra Head, 445 Kilometer. Vom südindischen Festland, mit dem sie die geologische Grundlage, nämlich ein extrem altes, kristallines Gestein aus dem Präkambrium, teilt, ist sie lediglich 55 Kilometer entfernt. Voneinander getrennt wurden die beiden durch tektonische Verwerfungen im Tertiär. Die damals verbliebene Landverbindung versank erst vor wenigen tausend Jahren infolge eines Anstiegs des Meeresspiegels in den Fluten. Die letzte sichtbare Spur dieser Verbindung ist die Adamsbrücke, eine schmale Kette aus Inseln, Sandbänken und Korallenriffen.

Das Landschaftsprofil der Insel ist im Wesentlichen durch zwei Großräume geprägt: Im südlichen Teil des Binnenbereiches erhebt sich das

Safari-Feeling pur: Im Nationalpark Minneriya lassen sich große Elefantenherden problemlos in ihrem natürlichen Lebensraum beobachten.

Zentrale Hochland mit mehr als einem Dutzend Zweitausendern, darunter dem Pidurutalagala, dem landesweit höchsten Gipfel (2524 Meter), und dem als Pilgerziel massenhaft erklommenen Adam's Peak alias Sri Pada (2243 Meter). Eine Reihe steiler Felsabbrüche, als spektakulärster der fast tausend Meter senkrecht abfallende Aussichtspunkt World's End, verleihen dem Landesinneren zusätzliche Dramatik. Umkränzt wird diese gebirgige Kernzone, die allerdings nur rund ein Fünftel der Inselfläche einnimmt, von einem Ring ausgedehnter Ebenen. Im Süden und Westen bildet dieses Flachland nur einen 30 bis 50 Kilometer breiten Streifen. Norden und Osten hingegen sind fast vollständig flach – und auch trockener, da der Wintermonsun nur wenige Wochen dauert und eher wenige Wolken bringt. Als geradezu heißtrocken-arid und deshalb karg bewachsen erweist sich das auch verkehrsmäßig benachteiligte und dünn besiedelte südöstliche Tiefland. Jenseits der Klimascheide hingegen, als die das Bergland fungiert, im (Süd-)Westen also, sorgt der viermonatige Sommermonsun für phasenweise sintflutartige Güsse. Entsprechend wuchert die Vegetation, floriert, von Gemüse und Obst bis Reis und Kokosnuss, die Landwirtschaft. Nicht zufällig liegt hier auch die Drei-Millionen-Metropole Colombo, das wirtschaftliche und politische Zentrum des Landes.

Singhalesen und Tamilen

Im Grunde ähnlich übersichtlich wie die topografische präsentiert sich die ethnografische Karte der verwaltungsmäßig in neun Provinzen und zwei Dutzend Distrikte gegliederten Inselrepublik. Ziemlich genau drei Viertel der insgesamt 22 Millionen Staatsbürger sind Singhalesen, die Nachfahren früher indoarischer Siedler aus Nordindien. Sie bekennen sich überwiegend zum Buddhismus, und zwar zu jener Theravada oder „Lehre der Älteren" genannten Richtung, die vornehmlich in Südasien beheimatet ist und ihren Anhängern, verkürzt gesagt, einen individuellen Weg zur Erleuchtung zeigen will. Sie sprechen Singhalesisch, das zum indoarischen Zweig der indogermanischen Sprachfamilie gehört.

Größte Minderheit sind mit gut 15 Prozent die Tamilen. Vom Typus dunkelhäutiger, kleiner und untersetzter, wanderten sie in zwei Wellen zu. Der weitaus größere Teil, jene etwa 2,5 Millionen, die in den nördlichen und östlichen Landesteilen beheimatet sind, werden als Sri-Lanka-Tamilen bezeichnet. Sie leiten ihre Herkunft von südindischen Stämmen ab, die bereits im 3. und 2. Jahrhundert v. Chr. die Insel eroberten, um hier gegen die singhalesischen Einwanderer zu kämpfen. Die sogenannten indischen Tamilen indes, ihr Anteil beträgt 4,2 Prozent, stammen von Arbeitern ab, die von den Briten erst im 19. Jahrhundert aus dem Bundesstaat Tamil Nadu zur Arbeit auf den Teeplantagen geholt wurden. Sie leben bis heute überwiegend im Hochland. Die Angehörigen beider Gruppen sprechen Tamil, eine uralte drawidische Sprache, und hängen dem Hinduismus an. Knapp zehn Prozent der Bevölkerung stellen die sogenannten Moors, tamilischsprachige Abkömmlinge muslimischer Seefahrer aus Arabien, die ab dem 8. Jahrhundert zuzogen, vorrangig an der Ostküste sowie in den großen Städten leben und bis in die Gegenwart im Edelstein- und Gewürzhandel eine tragende Rolle spielen. Kleinere Minderheiten bilden die circa 40 000 in der Kolonialzeit aus Indonesien und Malaysia zugewanderten Malaien und die ähnlich große Gruppe der sogenannten Burghers, überwiegend englischsprachiger Christen, deren Ururgroßeltern den Ehen portugiesischer und holländischer Kolonisten mit einheimischen Frauen entsprangen. Keinesfalls unerwähnt darf die winzige, weitgehend assimilierte und daher statistisch nur sehr ungenau fassbare Volksgruppe der Wedda bleiben. Von diesen gelegentlich auch als Wanniyala-Aetto, „Waldbewohner", bezeichneten, vermutlich australoiden Ureinwohnern leben vermutlich nur noch wenige hundert Individuen als Sammler und Jäger in unzugänglichen Dschungelgebieten.

Der eingangs erwähnte Konflikt zwischen Singhalesen und den seit 2000 Jahren ansässigen Tamilen wurzelt im Wesentlichen in der Kolonialzeit. Damals waren von den europäischen Herren überproportional viele Angehörige der Minderheit, auch weil sie schriftkundiger waren, mit höheren Aufgaben in Verwaltung, Wirtschaft und Schulwesen betraut worden – eine aus Sicht der singhalesischen Mehrheit ungerechte Bevorzugung, die sie zu Günstlingen und Kollaborateuren stempelte. Nach der Unabhängigkeit (1948) schlug das Pendel in die Gegenrichtung aus. Nun wurden einseitig die singhalesische Sprache und der Buddhismus gefördert. Als sich dann das Bevölkerungswachstum und, parallel zu ihm, verstärkt durch ökonomische Krisen, die Arbeitslosigkeit immer

Grazil und anmutig blicken die „Wolkenmädchen von Sigiriya" auf die Besucher herab. Die 1500 Jahre alten Wandmalereien sind für viele der Hauptgrund, zu der ehemaligen Festung von König Kassapa auf dem Löwenfelsen hochzusteigen.

rascher beschleunigten, radikalisierte sich vor allem die Jugend beider Seiten. 1970 schließen sich mehrere tamilische Parteien zu einer Koalition, der „Tamil United Liberation Front" (TULF), zusammen und fordern einen eigenen Staat. Radikale Gruppierungen, unter ihnen führend: die Liberation Tigers of Tamil Eelam (LTTE), gehen in den Untergrund und beginnen einen bewaffneten Guerillakampf. In den späteren Siebzigern tragen prononciert anti-tamilische Maßnahmen des Präsidenten J. R. Jayawardene, unter anderem Manipulationen an der Verfassung, das ihre zur Eskalation der Lage bei. Anfang der Achtziger gleitet das Land endgültig in den Bürgerkrieg ab. Die Milizen der LTTE, berühmt-berüchtigt unter dem Namen Tamil Tigers, erobern die Jaffna-Halbinsel und weite Gebiete im Nordosten. Über die folgenden vielen Jahre wechseln einander militärische Vorstöße beider Seiten ab. Verheerende Selbstmordattentate, von der LTTE serienweise und sogar in Colombo verübt, heizen die Konfrontation zusätzlich an. 2002 kommt es zum Waffenstillstand. Die folgenden Friedensverhandlungen aber scheitern (2006). Ein Jahr darauf lancieren die Regierungstruppen eine Großoffensive. Und zwei Jahre später, inzwischen sind erneut Abertausende Zivilisten umgekommen und eine vielfache Zahl auf der Flucht, kommt es zum Showdown. Die Armee ist nach Norden vorgerückt und hat die verbliebenen Rebellen auf einer Landzunge an der Küste eingekesselt. In der Folge werden ihre Verbände aufgerieben, der gesamte Führungskader mitsamt dem Chef, Velupillai Prabhakaran, erschossen. Bei den finalen Kämpfen kommen zudem mehrere zehntausend Zivilisten unter bis heute nicht wirklich geklärten Umständen zu Tode. Allerdings: Erstmals seit über einem Vierteljahrhundert herrscht danach dauerhaft Frieden.

Eine Wiege des Buddhismus

Um die politische Situation der letzten Jahrzehnte, aber auch Sri Lankas kulturelles Erbe in seiner ganzen Komplexität besser zu verstehen, empfiehlt sich ein Blick in die Tiefen der Geschichte. Die kulturellen und sozialen Entwicklungen, die Sri Lanka durchlief, hängen, dafür sorgte die geografische Nähe, in ihrem

Grundmuster allesamt unmittelbar mit der indischen Zivilisation zusammen. So kamen die zwei maßgeblichen Ethnien, Singhalesen und Tamilen, ebenso vom Subkontinent wie die beiden bis heute dominierenden Glaubensrichtungen, Hinduismus und Buddhismus. Andererseits haben die Inselbewohner im Laufe ihrer 2500-jährigen belegbaren Geschichte, was Gesellschafts- und Denkstrukturen, aber auch materielle Hervorbringungen betrifft, eine gegenüber den Nachbarn im Norden durchaus sehr eigenständige Zivilisation geschaffen. Ihre Sprache, das Singhalesische, zum Beispiel wird nirgendwo außer auf dieser Insel verwendet und kennt zudem eine von indischen Vorbildern klar unterscheidbare, eigene starke literarische Tradition. Und der Buddhismus, der in Sri Lanka nach wie vor blüht und gedeiht, ist in seinem Ursprungsland seit mehr als tausend Jahren schon weitgehend marginalisiert. Nicht zu unterschätzen ist außerdem der Einfluss überseeischer Kulturen: Seine strategische Lage an der maritimen Seidenstraße bescherte Sri Lanka seit alters rege Kontakte mit aller Welt. Kartografen und Seefahrern des alten Griechenland und Rom war die Insel wohl bekannt. Auch Händler aus Persien, Armenien und Arabien steuerten sie, angelockt von den schier unerschöpflichen Vorräten an Gewürzen und Edelsteinen, mit ihren Schiffen schon früh regelmäßig an. Gar nicht zu reden von den Begehrlichkeiten, die all die Naturschätze bei europäischen Mächten der Neuzeit weckten, was bekanntlich zu viel Blutvergießen und Jahrhunderte währenden Fremdherrschaften führte.

Zwei zivilisatorische Errungenschaften erwiesen sich in der Frühzeit als prägend für die Herausbildung einer nationalen Identität. Zum einen der Bau ungemein ausgeklügelter Bewässerungssysteme, wie sie abseits der mächtigen Ströme die Welt bis dahin nicht gekannt hatte. Gigantische künstliche Seen, genannt Wesas, ermöglichten es, zur Monsunzeit riesige Mengen Regenwassers zu speichern, das dann in Trockenmonaten über weitverzweigte Kanäle auf die Felder geleitet wurde. So gelang es, die savannenhaften Ebenen im Norden der Insel großflächig intensiv zu bewirtschaften. Die Folge: hohe Ernteerträge, ein starkes Bevölkerungswachstum und, insbesondere in den ersten Jahrhunderten nach der Zeitenwende, eine lange Phase des Wohlstands und Frieden.

Noch viel entscheidender für die Ausformung des singhalesischen Nationalbewusstseins war freilich die Ankunft des Buddhismus auf Sri Lanka. Die Überlieferung besagt, dass der Mönch Mahinda, von seinem Vater Ashoka, dem König über das großindische Mauriya-Reich und vehementen Förderer des Buddhismus, als

An den Ramboda Falls im zentralen Hochland. Über die Jahrhunderte schien zahlreichen Reisechronisten Sri Lanka wie ein von der Natur gesegnetes, irdisches Paradies.

Missionar entsandt, um 247 v. Chr. aus der Stadt Pataliputra (Patna) kam und die Inselbewohner erstmals mit der Lehre Siddharta Gautamas, des Erleuchteten, bekannt machte. Diese räumte mit dem ungerechten und korrupten Kastensystem auf. Zugleich sprach sie den brahmanischen Priestern, die man in hinduistischer Tradition für die heilsuchenden Gläubigen als Mittler zur Götterwelt für unverzichtbar hielt, ihre Herrschaftsvorrechte ab. Tieropfer und Fleischgenuss galten nunmehr als verpönt, Gewaltlosigkeit, Mitgefühl, Selbstdisziplin, Toleranz und Dankbarkeit hingegen als vorrangig anzustrebende Ziele. Ein gewisser König Devanampiya Tissa (circa 250–210 v. Chr.) erklärte den Buddhismus zur Staatsreligion und ließ in seiner Hauptstadt Anuradhapura die ersten monumentalen Dagobas bauen. Vor allem aber rief er jenes berühmte Mahavihara-Kloster ins Leben, das für mehr als ein Jahrtausend die wichtigste Stütze der Theravada-Tradition auf Sri Lanka bleiben sollte. Weitere Klöster – federführend: Abhayagiri und Jetavana – wurden gegründet. Doch kurz vor der Jahrtausendwende fielen aus Südindien die Herrscher der Chola-Dynastie ein. Sie machten Polonnaruwa zu ihrer Residenz und brachten das monastische Leben weitgehend zum Erliegen. Die Kontrolle über die Insel erkämpfte drei Generationen später ein König namens Vijayabahu I. für die Singhalesen zurück. Doch in der Folge lösten einander über Jahrhunderte kurze Blütezeiten und lange Phasen der Instabilität ab. Dabei fielen immer wieder Invasoren aus dem Norden ein, wurden Hauptstädte verlegt, zerfielen politische Entitäten, formierten sich rivalisierende Reiche. Im 13./14. Jahrhundert schließlich verfestigten die Tamilen im Norden ihre Macht und gründeten dort das Königreich Jaffna. Die Singhalesen bündelten indes weiter südlich, im Hill Country, ihre Kräfte. Allerdings dauerte es nicht lange, bis Letztere auch untereinander in Konflikt gerieten. Das Ergebnis: zwei rivalisierende Königreiche im Süden mit Kandy, dem alten Machtzentrum im Bergland, beziehungsweise der Festung Kotte südlich von Colombo als den beiden Regierungssitzen. Erst nach langen Auseinandersetzungen behielt Kandy schließlich die Oberhand.

Parallel zu den inneren Zerwürfnissen und politischen Fragmentierungen hatte für Sri Lanka freilich sukzessive der Außenhandel an Bedeutung gewonnen. Im merkantilen Austausch war die Insel mit der Welt seit alters gestanden. So war an Bord arabischer Schiffe bereits früh der Islam in die Küstenregionen gekommen. Doch Anfang des 16. Jahrhunderts fasste erstmals eine europäische Macht politisch Fuß. Es waren die Portugiesen, die, gierig nach Zimt, mit dem König von Kotte einen Handelsvertrag schlossen, hernach in Colombo eine Festung bauten, ihren Herrschaftsbereich bald bis nach Jaffna ausdehnten und kraft katholischer Missionare gleich auch das Christentum mit ins Land brachten. Widerstand leisteten mit Erfolg nur die Könige von Kandy, deren einer schließlich Mitte des 17. Jahrhunderts sich im Kampf gegen die eine Kolonialmacht mit einer anderen in spe, nämlich den Holländern verbündete. Die erhielten zum Dank, dass sie die Portugiesen vertreiben halfen, das Monopol auf den Gewürzhandel, behielten aber darüber hinaus, entgegen der Abmachung, zunächst auch zwei Häfen – Negombo und Galle. Alsbald kontrollierten sie alle Küstengebiete. Auch diesmal erhielt sich lediglich Kandy seine Selbstständigkeit. Als die Niederländer daheim nach 1789 unter die Fittiche der revolutionären Franzosen gerieten, riefen sie im Fernen Osten gegen die regelmäßig aufbegehrenden Ceylonesen die britische East India Company militärisch um Hilfe – ein Schuss ins eigene Knie, denn die Briten ihrerseits verjagten, ganz genau um den strategischen Wert der Insel wissend, alsbald ihre europäischen Kontrahenten. Nachdem sie 1815 als erste überseeische Macht auch Kandy erobert und den letzten sri-lankischen König, Vikrama Rajasinha, abgesetzt und ins Zwangsexil nach Indien verfrachtet hatten, gehörte Ceylon zur Gänze ihnen. Nach bewährter Methode gingen sie nun daran, seine Schätze systematisch auszubeuten. Sie ließen großflächig Plantagen anlegen, auf denen sie für den Export Gummi, Kokosnüsse und Kaffee (und später an seinerstatt Tee) anbauten, und schufen flankierend ein leistungsfähiges Straßen- und Eisenbahnnetz. Die Gängelung der Einheimischen allerdings, und mehr noch die Missionstätigkeit christlicher Orden weckten Widerstand. Die traumatischen Erfahrungen mit europäischen Kolonialisten lösten im 19. Jahrhundert Erneuerungsbewegungen sowohl in buddhistischen wie hinduistischen Kreisen aus. Auf ihre Fahnen schrieben diese die Verteidigung der eigenen kulturellen Traditionen, aber auch die Modernisierung einheimischer, politisch-rechtlicher Institutionen. Vor allem die buddhistisch-nationalistische Bewegung gewann an Einfluss, beschwor damit

Hinter dieser reich verzierten Wand ruht Sri Lankas bedeutendste buddhistische Reliquie – ein Backenzahn, so heißt es, des Erleuchteten. Der Zahntempel von Kandy ist auch für Nichtgläubige sehr sehenswert.

jedoch Konflikte mit der muslimischen Minderheit herauf. Die resultierenden Unruhen bewogen die Briten, mit harter Hand einzuschreiten, was wiederum anti-kolonialistische Bestrebungen befeuerte. 1919 kam es zur Gründung des Ceylon National Congress. Er vermochte London zwar noch nicht, wie erhofft, echte Selbstverwaltung, aber dank einer neuen Verfassung zumindest gewisse Kompromisse in Richtung Mitbestimmung abzuringen. Unter anderem erhielten die Ceylonesen 1931 als erste Untertanen in Übersee das allgemeine Wahlrecht zugestanden. Tatsächlich in die Unabhängigkeit (innerhalb des Britischen Commonwealth) entlassen wurde die Insel freilich erst Anfang 1948, nachdem London die Kronkolonie Indien endgültig verloren hatte und militärisch generell aus allen Gebieten „East of Suez" zum Rückzug blies. Damit war ein grundlegend neues Kapitel in der mehrtausendjährigen Geschichte dieses prachtvollen, bezaubernden Landes aufgeschlagen.

Seite 22/23: *Edinburgh Tea Estate im Bezirk von Nuwara Eliya im zentralen Hochland. Teebüsche und Eukalyptusbäume können hier im tropischen Höhenklima ideal gedeihen.*

Seite 24/25: *Während die Stelzenfischer von Ahangama in der Dämmerung auf essbare Beute warten, angeln sie tagsüber eher nach Touristen, die dann gegen ein kleines Entgelt mit ihren Kameras ihr Urlaubsmotiv schießen dürfen.*

Colombo und die Strände der Westküste

Auch im Gangaramaya-Tempel in Colombo schlägt seit Menschengedenken ein heiliger Bodhi-Baum seine Wurzeln. Der Legende nach ist er ein Ableger jenes Baumes, unter dem der Asket Siddharta Gautama zu seiner erlösenden „Erleuchtung" erlangte und so zum Buddha wurde.

Colombo ist zwar unbestritten das politische und wirtschaftliche Zentrum des Inselstaates, drei Millionen Einwohner zählt der Ballungsraum, der sich an der Westküste über eine Länge von 50 Kilometern ausdehnt, Idyllen aber sehen anders aus. Hochhäuser, Hektik, zur Rush-Hour ein Höllenverkehr. Ein, zwei Tage sollte man dennoch mindestens einplanen, um den hauptstädtischen Sehenswürdigkeiten die gebührliche Reverenz zu erweisen – allen voran dem Nationalmuseum, hinter dessen viktorianischer Fassade die mehrtausendjährige Landesgeschichte in Form altehrwürdiger Buddha- und Götterstatuen, aber auch Versatzstücken aus Sri Lankas Sakralarchitektur und Highlights seines reichen Kunsthandwerks am staunenden Besucher vorbeidefiliert. Auch das Maritime Museum, das Eisenbahnmuseum und das der „Dutch Period" lohnen Besuche. Darüber hinaus warten Kirchen, Moscheen, hinduistische und buddhistische Tempel. Vor allem aber sollte man sich, um die sehr spezifische Atmosphäre der Hauptstadt, diesen oft quirlig-schrägen Mix aus südasiatischer Anarchie, kolonialer Betulichkeit und modernem Schick, authentisch zu erleben, auf Spaziergänge einlassen: durch die Basargassen des alten Händlerviertels Pettah zum Beispiel, natürlich durch die Straßen der historischen Kernzone Fort mit ihren Prachtbauten aus der Britenzeit; aber auch durch das Shopping-Viertel Kollupitiya, durch die schattigen Alleen des angrenzenden Nobelbezirks Cinnamon Gardens oder, tunlichst bei Sonnenuntergang, über die Strandpromenade am Galle Face Green.

Zum Durchatmen und Ausspannen locken in der Umgebung Strände sonder Zahl: vornehm und geschichtsträchtig der Badevorort Mount Lavinia; die lange Reihe südlicher Küstenorte, von Beruwala und Bentota bis zum Tauchparadies Hikkaduwa; sowie, ganz im Norden – das Naturparadies der noch weniger erschlossenen Halbinsel Kalpitiya.

Oben:
Colombos Altes Rathaus, in der zweiten Hälfte des 19. Jahrhunderts im Stadtviertel Kayman's Gate erbaut, fungiert seit Langem als Stadtmuseum. Sein neoklassizistischer Nachfolger, hier im Bild, wurde 1927 eröffnet und ist Sitz sowohl des Bürgermeisters als auch der Stadtregierung.

Rechts:
Das Nelum Pokuna Theatre erhebt sich am Nordrand des eleganten Stadtteils Cinnamon Gardens, unmittelbar neben dem National- und dem Naturgeschichtemuseum. Die ungewöhnliche Architektur des Baus ist von dem 800 Jahre alten Lotusteich (Nelum Pokuna) in der einstigen Hauptstadt Polonnaruwa inspiriert.

Links:
Die Indepedence Memorial Hall hält die Erinnerung an den 4. Februar 1948 hoch, an dem Sri Lanka die Unabhängigkeit von Großbritannien erlangte. Sie steht in den Cinnamon Gardens, beherbergt ein Museum zum Thema und ist Schauplatz der alljährlichen Feierlichkeiten zum Unabhängigkeitstag.

Unten:
Im Gangaramaya-Tempel existiert ein eigenes Museum. Darin finden sich all jene Geschenke ausgestellt, die das Heiligtum im Laufe der Jahre von Gläubigen überreicht bekam. Zwei besondere Präsente parken im Innenhof: ein historischer Benz und ein Rolls-Royce.

Bilder unten:
Östlich des Stadtteiles Fort liegt in Colombo, eingezwängt zwischen Hafen und Beira Lake, das Marktviertel Pettah. Hier leben überdurchschnittlich viele Tamilen und Muslime. Aber natürlich gehören auch Mönche zum alltäglichen Straßenbild. Die engen Gassen quellen über von Waren aller Art. Die Läden sind nach dem Prinzip eines klassischen orientalischen Basars nach verschiedenen Gewerbegruppen geordnet.

Rechts:
Handelszentren einst und heute: Das Kaufhaus Cargills an der York Street mit seiner auffälligen rot-weißen Fassade wurde 1906 eröffnet. Der Kontrast zu den beiden Glas-Beton-Türmen des 1997 errichteten World Trade Center könnte größer nicht sein.

CARGILLS
CARGILLS

Curry, Kokos, Chili, Zimt – Sri Lankas Küche

Irgendwann wird selbst der asketischste Charakter schwach. „Keine Schlemmereien!", mag er sich vor Reiseantritt geschworen haben. Doch dann, bei einem Restaurantbesuch oder auch an einer der zahlreichen ambulanten Garküchen am Straßenrand, öffnet Sri Lanka vor ihm seine kulinarischen Schatztruhen. Farben, Düfte und Geschmäcker überschwemmen die Sinne. Und alle Vorsätze sind vergessen. Das große Verkosten, Schmausen und Staunen setzt ein. Wobei sogleich beruhigend angemerkt sei: Die meisten Speisen sind vergleichsweise kalorienarm. Man kann ihnen lustvoll zusprechen und, genügend Bewegung vorausgesetzt, dennoch abnehmen.

Die freudigen Überraschungen beginnen schon beim Frühstück: Wo anderweitig zu Tagesbeginn schnöde Toasts mit Butter, Käse, Marmelade zur Auswahl stehen, pflegt man auf der Gewürzinsel gleich morgens dem Gaumen zu schmeicheln – mit sogenannten Hoppers beispielsweise, einer aus Reismehl, Palmzucker und Kokosflocken gebackenen, eventuell mit einem Ei bekrönten Art hohler, halbkugelförmiger Pfannkuchen, zu der man ein Glas Kokosmilch kredenzt. Geschmacklich verwandt ist Kola kanda, ein Brei aus Reis und Kokosraspeln. Pikanter für Auge und Gaumen, aber ebenfalls ein beliebter Bestandteil von Frühstücksmenüs ist Gotu kola, eine knallgrüne, aus Tigergras zubereitete Gemüsesuppe.

Als Grundnahrungsmittel dient, wie in ganz Süd(ost)asien, tageszeitenunabhängig der Reis. Von ihm kennt man hierzulande über ein Dutzend Sorten. Am häufigsten verkocht werden der geschälte, weißlich-transparente, der langkörnige Basmati sowie der ungeschälte und deshalb viel nährstoffreichere rötliche Reis, genannt Kakuluhaal. Die Zubereitung verläuft nicht, wie im Westen üblich, in kochendem Wasser, sondern, indem man die Körner langsam und schonend in speziellen Töpfen in Wasserdampf gart. Das Nationalgericht heißt „Rice and Curry". Hinter der schlichten Bezeichnung verbirgt sich oft eine wunderbar aromatische Festspeise – ein regelrechtes Potpourri aus Schälchen, präsentiert rund um einen Riesenberg Reis auf einer großen Servierplatte, und gefüllt mit verschiedenerlei Chutneys und Saucen, Fleisch-, Fisch- und Gemüsegerichten, die auf der Zunge ein wahres Feuerwerk der Geschmäcker entfachen. Da können sich als Einlagen etwa in Würfelchen geschnittenes Rind-, Schweine- und Hühnerfleisch oder Thunfisch, Garnelen, Krebse finden und daneben pikante Kartoffel, Auberginen, Kürbis, Okraschoten, das Linsengericht Dhal, aber auch Ananas, Passionsfrüchte, Papayas, Durians, Guaven, Jack-Früchte, Mangos, Mangostane ... Überhaupt eine Vielfalt an Gemüsen und Früchten, wie man sie als Europäer daheim in den bestbestückten Deli-Läden nicht bekommt, und wie sie jedes Vegetarierherz höher schlagen lässt.

Die geschmackliche Grundlage für Currys bietet das pulverige, mehr oder weniger pikante Mischgewürz gleichen Namens. Zu den beliebtesten Ingredienzien zählen – wir befinden uns schließlich auf der Gewürzinsel schlechthin! – Kurkuma, Ingwer, Muskat, Piment, Paprika, Pfeffer, eventuell auch Kreuzkümmel, Koriander, Kardamom, die Samen von Fenchel und Bockshornklee sowie, vor allem und absolut unverzichtbar: Chili. Womit ein unvermeidbares Reizthema angesprochen wäre: Sri Lankas Küche ist nämlich berühmt-berüchtigt für ihre Schärfe, die höchstens noch mit jener der Thai zu vergleichen ist. Als besonders teuflisch erweist sich dabei für Ungeeichte die Chilipaste Pol Sambol, von der selbst die experimentierfreudigsten Zeitgenossen tunlichst nur mit höchster Vorsicht den Bruchteil einer Messerspitzenprise probieren sollten.

Bleibt last but not least, um eine 180-gradige Volte von feurig-scharfen zu süßen Geschmacksgefilden zu schlagen, das Finale jeder Mahlzeit: Für Desserts wird reichlich Zucker verwendet, und zwar mit Vorliebe Jaggery, der dunkelbraune, seltsam krümelige Palmblütenzucker. Er landet im Watalappan, einer puddingartigen, entfernt an Creme Caramel erinnernden Kreation aus Eiern, Kokosmilch und Rosinen, aber auch in den populären Rasagullas, Kugeln aus Kokosmilchteig, und auf Kiribeth, der meist mit Kardamom und Rosenwasser verfeinerten sri-lankischen Entsprechung zum deutschen Milchreis. Dass es zu all diesen Leckereien abschließend die obligatorische Tasse güldenfarbenen Tees zu geben hat, muss wohl in der Heimat des „Grünen Goldes" nicht eigens betont werden.

Links:
Aus Weizenmehl gebackene Fladenbrote werden zu fast jeder Mahlzeit gereicht. Eine Alternative stellen, insbesondere zum Frühstück, kleine Pfannkuchen, Hoppers genannt, oder die aus Reismehl und Kokossplittern zubereitete Pittu dar.

Oben:
Garküchen sind überall im Land auf Märkten präsent. Die Speisen werden – meist von lächelnden Köchinnen und Köchen – vor den Augen der hungrigen Kunden zubereitet. Vorausgesetzt, sie werden frisch unter großer Hitze gekocht, sind sie im Allgemeinen gut bekömmlich.

Kleine Bilder rechts, von oben nach unten: Es ist aufgedeckt in einem Restaurant des Küstenortes Negombo. Fisch gehört neben Reis und Gemüse zu den Grundnahrungsmitteln.

Hot, hot, hot! Chilischoten sind aus der Küche Sri Lankas nicht wegzudenken und integraler Bestandteil der berühmten Currys, scharf-pikanter Mischungen aus bis zu 20 verschiedenen Gewürzen. Chili verleiht Speisen Farbe und Schärfe.

Bohnen, Linsen, Okra, Mais oder Kichererbsen: Neben Reis bilden Hülsenfrüchte die Basis der Ernährung der breiten Bevölkerung. Sie finden vor allem in Currys Verwendung.

Bananen, wie sie hier einem Großhändler geliefert werden, sind in Sri Lanka Grundnahrungsmittel. Eine Bauernregel besagt, umso kleiner sie seien, desto süßer würden sie schmecken. Gerne werden sie gegrillt oder ausgebacken serviert.

Unten:
Platz zum Innehalten und andächtigen Gebet ist selbst in der verkehrsumtostesten Ecke. Dieser buddhistische Schrein steht in Colombo an einer Hauptverkehrsader des Marktviertels Pettah.

Rechts:
Die St. Anthony's Church im Stadtteil Kotahena. Geweiht ist das im 19. Jahrhundert errichtete katholische Gotteshaus dem heiligen Antonius von Padua. Das Kircheninnere ist gespickt mit Statuen des Schutzpatrons für alle, die materielle Verluste erlitten haben. Besonders verehrt wird eine aus dem indischen Goa stammende, angeblich Wunder vollbringende Figur.

Oben:
Dieses Ensemble von Buddhas und Stupas ziert den Gangaramaya-Tempel in Colombo. Es gleicht einer Art Miniaturausgabe des Borobudur, dem berühmten, im 9. Jahrhundert auf der indonesischen Insel Java errichteten Heiligtum.

Rechts:
Der im südlichen Zentrum Colombos, unweit des Beira-Sees gelegene Gangaramaya-Tempel wurde während des Wiederauflebens des Buddhismus im 19. Jahrhundert gegründet und ist einer der wichtigsten Schreine der Kapitale. Blickfänge seiner eher eklektisch-kitschigen Ausstattung sind diese großen, grellfarbig bemalten Figuren im Bilderhaus. Sie zeigen den Buddha, flankiert von Elefantenzähnen, in Meditationshaltung.

බිත්තියට
හේත්තු නොවන්න!

Alljährlich an einem Poya Day, einem Vollmond-Tag im Februar, steht Colombo Kopf. Der Grund: die Navam Maha Perahera, ein gigantisches, vom Gangaramaya-Tempel organisiertes Fest zu Ehren des Buddha und seiner beiden Lieblingsschüler, der Mönche Sariputta und Mahagollana. Die große Prozession (perahera) startet am Gangaramaya-Tempel, führt durch den Vihara Mahadevi Park und endet am Beira Lake. An ihr nehmen, von Abertausenden Schaulustigen bestaunt, unter anderem an die 50 prächtig gewandete Elefanten teil.

Die Navam Maha Perahera gehört zu den überschäumendsten Spektakeln, die man auf Sri Lanka miterleben kann. Das Fest beginnt mit Einbruch der Dunkelheit. Zunächst tragen Abgesandte anderer buddhistischer Gemeinden Reliquien in den Tempel. Es folgen ein kleines Feuerwerk und schließlich, als geheiligter Akt, der Auftritt eines mit weißem Tuch geschmückten Elefanten, der auf seinem Rücken einen besonders kostbaren Schrein durch die Menge führt. Stundenlang ziehen religiöse Würdenträger sowie Tänzer, Trommler, Jongleure, Stelzenläufer, Feuerspucker, Fackelträger und vielerlei Musiker entlang der vorgezeichneten Route durch die Straßen.

Oben:
Zwölf Kilometer nordöstlich des Stadtzentrums von Colombo, im Vorort Kelaniya, befindet sich das nach dem Zahntempel von Kandy bedeutendste buddhistische Heiligtum Sri Lankas: der Kelaniya-Raja-Maha-Vihara-Tempel. Er besteht aus einer weißen schlichten Dagoba und dem eindrucksvollen, aus ockerfarbenem Stein errichteten Bilderhaus.

Rechts:
Kelaniya Raja Maha Vihara markiert jenen Ort, an dem, so besagt es die Legende, Buddha bei einem seiner insgesamt drei Besuche auf der Insel öffentlich vor Anhängern seine Lehre erläutert haben soll.

Links:
Der hochheilige Tempelbezirk in Kelaniya umfasst neben Dagoba und Bilderhaus auch ein kleines Museum, zwei große Statuen, einen Glockenturm sowie den üblichen Bodhi-Baum.

Unten:
Ein Mönch erläutert vor einer großen Zuhörerschaft Aspekte der buddhistischen Lehre. Alljährlich an einem Januar-Vollmondtag wird im Tempel Raja Maha Vihara zum Gedenken an den ersten der drei Besuche Buddhas auf der Insel eine festliche Prozession, die Duruthu Perahera, abgehalten.

Unten:
Unmittelbar südlich des Stadtteils Fort erstreckt sich in Colombo zwischen der verkehrsumtosten Galle Road und dem Indischen Ozean eine Erholungszone, genannt Galle Face Green. Sie umfasst einen langen Grünstreifen plus einer Promenade, die nach Sonnenuntergang zu einer Flanier- und Gastromeile mutiert.

Rechts:
Angelegt wurde Galle Face Green Mitte des 19. Jahrhunderts von den Briten, die hier unter anderem ihre Pferderennen abhielten. Heute, in demokratisierten Zeiten, finden hier bescheidenere, aber für das Publikum vermutlich nicht minder unterhaltsame Freizeitvergnügungen statt. Kinder spielen, Jugendliche flirten, Kleinkünstler und Gaukler sorgen für zusätzliche Kurzweil.

Oben:
Die Küstenstadt Negombo liegt nur eine halbe Autostunde nördlich von Colombo und wenige Minuten von dessen Internationalem Bandaranaike Airport entfernt. Es liegt deshalb nahe, die Rundreise über die Insel an einem der hiesigen feinsandigen Strände ausklingen oder beginnen zu lassen – zumal sich hier Hotels und Gästehäuser dicht an dicht reihen.

Rechts:
Touristen müssen sich vor allem den südlichen Abschnitt des Strands von Negombo mit den örtlichen Fischern und deren Booten teilen; und stellenweise auch mit fangfrischem Fisch, der tonnenweise zum Trocknen ausgebreitet wird.

Links:
Dominierender Wirtschaftsfaktor für Negombos Bewohner ist der Fischfang. Doch die mühselige Arbeit mit den Netzen bleibt hier, wie an allen Stränden des Landes, zusehends unbelohnt. Denn industrielle Fangflotten anderer, reicherer Nationen setzen den küstennahen Beständen dramatisch zu.

Unten:
Negombo war zur Kolonialzeit ein wichtiger Handelsplatz. Um die Gewürze, allen voran Zimt, der im Hinterland reichlich gedieh, rascher zur Küste zu bringen, schufen die Niederländer im 17. und 18. Jahrhundert nördlich von Colombo ein mehr als 120 Kilometer langes Netz von Kanälen.

Oben:
Der Küstenort Negombo ist nicht nur Zentrum des Badetourismus, sondern auch der Fischerei. Auf ihren hölzernen Booten nehmen die Fischer gegen Bezahlung gerne Gäste auf ihren Fangtouren mit. Angeboten werden aber auch Fahrten in die nahe gelegenen Lagunen.

Rechts:
Am Südrand von Negombo erstreckt sich unmittelbar am Meeresufer ein christlicher Friedhof – ein eindrückliches Memento für die jahrhundertelange Präsenz von Portugiesen, Holländern und Briten, die den Hafen vor allem für den Zimthandel nutzten. Nicht zufällig steht am Hafen des Ortes bis heute eine große Jesus-Statue.

Links:
Zum Freizeitangebot am Strand von Negombo zählt neben Tauchen, Angeln und Kitesurfen auch eine Fahrt an Bord eines Katamarans (oruva), den man samt Bootsmann für wenig Geld für einige Stunden ausleihen kann.

Zu den Wurzeln der Geschichte – das „Kulturelle Dreieck“

In Pinnawala, 40 Kilometer westlich von Kandy, wird die weltweit größte Elefantenherde in menschlicher Obhut betreut.

Sonnenanbeter und Wasserratten mögen nach der Landung in Colombo schnurstracks an einen der vielen, traumhaften Strände eilen, Gesundheitsapostel sich in einem der nicht minder zahlreichen Ayurveda-Zentren einquartieren. Historisch Interessierte und Kunstliebhaber hingegen steuern stante pede das Landesinnere an. Hier, in der trocken-heißen geografischen Mitte der Insel finden sich auf engem Raum gebündelt die spektakulärsten kulturellen Sehenswürdigkeiten. Wer eine Vorliebe für Orte mit geschichtsträchtiger Aura hegt, gerät etwa in Anuradhapura in einen Zustand konstanten inneren Jauchzens. Immerhin regierten von hier aus 13 Jahrhunderte lang 119 singhalesische Könige über die Insel. Das mit kolossalen Dagobas und Tempeln, Palast- und Klostermauern gespickte Ruinenfeld zeugt von der einst überragenden geistigen und machtpolitischen Bedeutung der Stadt. Das nahe Kloster von Mihintale markiert jenen Ort, wo um 250 v. Chr. der Mönch Mahinda erstmals die Lehre des Buddha verkündete – also nichts weniger als die Geburtsstätte des Buddhismus auf Sri Lanka. Nicht minder beeindruckend ist das weitläufige Ruinenfeld von Polonnaruwa, der zweiten Hauptstadt des Singhalesen-Reiches: Blickfang ist hier das sakrale Gebäudeensemble im sogenannten „Heiligen Viereck“.

Gerade einmal eine Autostunde entfernt ragt der Felsen von Sigiriya 200 Meter hoch aus der Ebene. Die einst uneinnehmbare Festung auf seinem Gipfel (von der freilich fast nur noch Grundmauern übrig sind) gilt als architektonisches Weltwunder. Und von hier ist es nicht weit nach Dambulla, dessen Höhlentempel mit ihrem überbordenden Innendekor bezaubern. Womit die Liste der Sehenswürdigkeiten im „Kulturellen Dreieck“, wie diese Kernzone der Landesgeschichte gerne genannt wird, keineswegs komplett ist. Als Etappenpunkte einer Rundreise empfohlen seien etwa noch die riesigen Buddha-Statuen in Aukana und Rasvehera/Sasseruwa, die Überreste der Klöster Arankele, Aluvihara, Nillakgama und Ritigala, der Tempel (Gedige) von Nalanda, sowie, sehr reizvoll als Komplementärprogramm nach so vielen Steinen, die Nationalparks Kaudula und Minneriya mit ihren sehr fotogenen Elefantenherden.

Bilder linke Seite:
1975 wurde in Pinnawala, 40 Kilometer westlich von Kandy, für fünf verwaiste Elefantenbabys ein kleiner Zufluchtsort geschaffen. Inzwischen wird hier die mit 80 Tieren jeden Alters weltweit größte Herde in menschlicher Obhut betreut.

Ganz links und links:
In früheren Zeiten machten Elefanten als Arbeitstiere zweifelhafte Karrieren. Sie halfen beim Roden von Wäldern, schleppten Lasten und in Kriegszeiten nicht selten auch schwere Waffen. In der Forstwirtschaft werden sie heute noch eingesetzt. Im Elephant Orphanage von Pinnawala gehen die Pfleger mit ihren Schützlingen überaus sorgsam um. Streicheln und genüssliches Baden stehen hier auf der Tagesordnung. Auslauf auf dem zehn Hektar großen Gelände ist garantiert.

Ganz links:
Tierische Begegnungen der anderen Art: Ob diese Frau ihre drei Stachelschweine nur „Gassi" führt oder sie doch Straßenpassanten zum Kauf feilbietet, war im Vorbeifahren auf die Schnelle nicht zu klären.

Links:
Unter Ophidiophobie, krankhafter Angst vor Schlangen, leidet dieser junge Mann garantiert nicht. Um Passanten ein paar Münzen zu entlocken, lässt er seine Kobra zu Flötentönen tanzen. Obendrein hat er sich eine Python um den Hals gehängt.

Ganz unten:
Dieser stattliche Bulle scheint das Bad im Minneriya Wewa zu genießen. Der künstliche See wurde schon im 4. Jahrhundert auf Geheiß des damaligen Königs aufgestaut. In der für gewöhnlich von August bis Oktober dauernden Trockenzeit geben sich hier manchmal mehrere hundert durstige Elefanten ein Stelldichein.

Links:
Noch Anfang des 20. Jahrhunderts lebten in Sri Lanka in freier Wildbahn ungefähr 12 000 Elefanten. Infolge weitflächiger Abholzung der Wälder und der immer intensiveren agrarischen Nutzung des verbleibenden Lebensraums ist ihre Zahl auf etwa 3500 geschrumpft. Zudem machen ruchlose Wilderer auch hier immer noch Jagd auf das offiziell längst weltweit mit striktestem Handelsverbot belegte Elfenbein.

Unten:
Fotosafari im Nationalpark Minneriya. Diese Art des sanften Tourismus ist für die einheimischen Ranger eine willkommene Einkommensquelle und hilft, die bedrohten Bestände an Elefanten zu schützen.

Links und unten:
Am Schnittpunkt der Fernverkehrsstraßen Colombo-Trincomalee beziehungsweise Kandy-Anuradhapura und zugleich im Zentrum des sogenannten „Kulturellen Dreiecks“ liegt das Städtchen Dambulla. Seine größte Sehenswürdigkeit sind die berühmten Höhlentempel. Den Aufgang zu ihnen markiert eine fast 30 Meter hohe Buddha-Statue und, ihr zu Füßen, das Golden Temple Buddhist Museum, das man durch das Maul eines Drachen betritt. Den Felsen zu seiner Rechten schmückt ein Spalier steinerner, in orangefarbene Roben gewandeter Mönche.

Oben:
Dieser junge Mönch heißt Besucher am Kassenhäuschen zu den Höhlentempeln von Dambulla mit scheuem, aber herzlichem Lächeln willkommen.

Oben:
Maharaja lena, der zweite Höhlentempel von Dambulla, ist 60 Meter lang, 30 Meter breit, 15 Meter hoch und damit der größte von allen. Dank der Vielzahl kostbarer Statuen sowie der flächendeckend fein bemalten Decken und Wände ist er auch der schönste und eindrucksvollste.

Rechts:
Pacchima lena, die vierte, „Westliche Höhle", ist vergleichsweise klein. In der kleinen Dagoba in der Mitte des Raumes sollen einst die Kronjuwelen aus der Zeit König Valagambahus, der um das Jahr 100 v. Chr. den Bau des ersten Höhlentempels initiierte, aufbewahrt worden sein.

Links:
Die Eingänge zu den Höhlentempeln von Dambulla liegen unter einer mächtigen, vorkragenden Wand aus schwarzem Granit und sind durch einen langen Arkadengang miteinander verbunden. Die ältesten der insgesamt fünf Höhlen stammen aus dem ersten vorchristlichen, zwei hingegen aus dem 18. nachchristlichen Jahrhundert.

Unten:
Hauptattraktion der ersten Höhle, sie heißt Devaraja lena (Höhle des Göttlichen Königs), ist ein 14 Meter langer, liegender Buddha. Am Kopfende der direkt aus dem Fels geschlagenen Kolossalstatue sitzt in Meditationshaltung Ananda, der Lieblingsschüler des Erleuchteten.

Buddhismus – das Geheimnis der strahlenden Seelen

Der wohl prägendste Eindruck, den man von einer Reise durch Sri Lanka mit nach Hause nimmt, ist, neben dem der spannenden Kunstdenkmäler und landschaftlichen Pracht, die Spiritualität der Menschen. In senfgelbe und weinrote Roben gewandete Mönche beim Studium heiliger Schriften, Nonnen beim Chanting liturgischer Sprechgesänge, kahl geschorene Novizen beim morgendlichen Almosensammeln ... Ob in Klöstern oder Tempeln, vor Buddha-Statuen und Reliquienschreinen oder im Alltag auf Straßen und Plätzen – berührende Szenen angewandter Religiosität erlebt man allüberall auf Schritt und Tritt.

Sri Lanka ist ein intensiv vom Buddhismus geprägtes Land (obzwar Hinduisten, Moslems und Christen beträchtliche und völlig anerkannte Minderheiten stellen). Rund 75 Prozent seiner rund 22 Millionen Bewohner folgen der Lehre des Erleuchteten. In deren Mittelpunkt steht die Vorstellung, die irdische Existenz sei an einen Kreislauf aus Begierde und Leid gebunden, wobei das eine jeweils das andere gebiere. Befreiung aus diesem ewigen Zyklus der Wiedergeburten, genannt Samsara, in dem Leben und Tod bloß zwei alternative Aspekte derselben Existenz darstellen und alles Lebende, auch Tiere und Pflanzen, eingeschlossen ist, erlange man über die Erkenntnis der Nichtigkeit aller Verlockungen, gefolgt von vollständiger Entsagung. Wer Weisheit, Moral und geistige Disziplin praktiziere, dürfe hoffen, dem Kreislauf des Leidens zu entrinnen und ins Nirwana, einen gelösten Zustand „jenseits von Sein und Nicht-Sein", einzugehen. Wobei es weder Hölle oder Paradies noch einen allmächtigen Schöpfer gibt, vor dem sich der Mensch zu verantworten hat. Vielmehr sei jeder auf dem Pfad der Erlösung für sich allein verantwortlich und ernte die Früchte seines bisherigen Verhaltens.

In Sri Lanka folgt man, wie im gesamten süd(ost)asiatischen Raum über Burma bis Kambodscha, der Theravada-Schule des Buddhismus, auch Hinayana (Kleines Fahrzeug) oder, in der heiligen Sprache Pali, „Lehre der Älteren" genannt. Ihrer Doktrin gemäß vermögen ausschließlich Mönche das Nirwana zu erreichen. Nur Männer, die dauerhaft im Kloster leben, praktizieren konsequent die Theravada-Philosophie, die da besagt, Wohlstand und gute Nahrung, ja sogar elterliche Liebe, Fortpflanzung oder Schlaf seien nichts als Trugbilder und hinderlich auf dem Weg zur ultimativen Erkenntnis. Unterwegs auf diesem äußerst schwierig zu gehenden „Edlen Achtfachen Pfad" stehen ihnen eine Reihe von Hilfsmitteln zur Verfügung: diverse Techniken der Meditation zum Beispiel, Pagoden mit Bildnissen des Buddha und ein umfangreiches Regelwerk, den bereits in vorchristlichen Jahrhunderten im Tripitaka-Kanon, den „drei Körben", aufgezeichneten Palischriften. Die drei Körbe bestehen aus den Sutras (den Lehrreden), den Vinayas (Mönchsregeln), und den Abhidhamma (der Interpretation der Lehren Buddhas). Ihnen zugrunde liegt die heilige Wahrheit von den „Vier edlen Wahrheiten" und den acht Schritten zur Auflösung jeglichen Begehrens, als da sind: rechte Erkenntnis, rechte Gesinnung, rechtes Reden, rechtes Handeln, rechtes Leben, rechtes Streben, rechte Achtsamkeit und rechtes Sichversenken.

Freilich sind die Sri Lanker lebenserfahren genug, dass sie das unaufhörliche Streben nach Erfüllung solch höchster Ansprüche den Mönchen überlassen. Die große Mehrheit des Volkes verschiebt das große Ziel des völligen Erlöschens auf später. Zwar war und ist man als profane Gesellschaft mit dem Klosterleben stets eng verflochten. Schon vor dem zwölften Lebensjahr werden Kinder für mehrere Wochen den Mönchen zur Obhut übergeben. Und im Laufe des Lebens verbringt man als guter Buddhist tunlichst mehrmals einige Zeit im Kloster. Doch im Alltag begnügt man sich damit, die fünf moralischen Hauptregeln, die das Töten, Stehlen und Lügen, den Ehebruch und Gebrauch von Drogen verbieten, zu beherzigen; und im jetzigen Leben, etwa durch Gebete, Almosen- oder Opfergaben, kleine „Verdienste" zu erwerben, um im nächsten, wenn möglich, in einer glücklicheren Existenz wiedergeboren zu werden.

Links:
Ein Junge wird in den Brauch eingeführt, zu Ehren Buddhas und seiner Lehre mit Kokosöl gefüllte Opferlämpchen zu entzünden. Die dahinter stehende Symbolik: das Licht soll die dunkle Unwissenheit überwinden helfen.

Oben:
Eine Familie hat sich in Anuradhapura vor dem Bodhi-Baum zum gemeinsamen Gebet niedergelassen. Dabei lernen die Kinder, aus mitgebrachten Schriften Sutren, Lehrreden des Buddha oder seiner Schüler, zu rezitieren.

Rechts oben: Tieropfer dienten, so vermuten Anthropologen, dem jagenden Menschen ursprünglich als Entschuldigungsritus gegenüber dem getöteten Tier. Die buddhistische Ethik verbot von Anfang an dieses blutige Ritual und ersetzte es durch die Almosengabe. Heutige Frömmigkeitspraxis sieht als „Opfer" die Gabe von Blüten als Zeichen der Verehrung für Buddhas Lehre vor.

Rechts Mitte: Nahe dem Eingang zum umzäunten Areal des Bodhi-Baums in Anuradhapura entzünden die Gläubigen als Zeichen der Devotion massenweise Räucherwerk.

Rechts: Dieses Opfertischchen steht im Lankatilaka, dem Statuenhaus, in Polonnaruwa. Die kolossalen Füße auf dem bemoosten Podest sind Teil eines Torsos einer ursprünglich 13 Meter hohen, aus Ziegeln gemauerten Buddha-Statue.

Linke Seite:
200 Meter ragt der Löwenfels von Sigiriya aus dem völlig flachen Umland himmelwärts. Auf seinem Gipfelplateau ließ König Kassapa im späten 5. Jahrhundert eine Zitadelle errichten. In der dicht bewaldeten Ebene zu ihren Füßen erstrecken sich, in ihrer Achse symmetrisch auf den Felsen ausgerichtet, mit Teichen und Wasserläufen durchsetzt, auf einer Fläche von 40 Hektar die Königlichen Gärten.

Bilder links:
Zu Füßen des Löwenfelsen durchschreitet der Besucher auf dem Weg zum Treppenaufgang den Steingarten. Dessen mäandrierende Pfade führen vorbei an einem granitenen Monolithen, aber auch einem alten Klosterkomplex, komplett mit Dagoba und Bodhi-Baum.

Oben:
Auf dem Gipfelplateau des Löwenfelsen von Sigiriya stand einst der Königspalast. Von dem 1,2 Hektar großen Komplex mit seinen weltlichen wie religiösen Zwecken dienenden Gebäuden existieren bloß noch Grundmauern. Das Gelände ist ein Paradies für Archäologen.

Rechts:
Als 1853 zwei unternehmungslustige Briten den Löwenfelsen erklommen und so für die Neuzeit wiederentdeckten, staunten sie vor allem über die zauberhaften Fresken an den Wänden. Heute sind die „Wolkenmädchen" von Sigiriya weltberühmt. Von den rund 500 Frauen dieser Freiluftgalerie sind noch knapp zwei Dutzend erhalten.

Links:
Der Aufstieg ist schweißtreibend und nur für Schwindelfreie zu empfehlen. Doch auf dem Löwenfelsen von Sigiriya angekommen, wird man für die Ausdauer mit einem phänomenalen Panoramablick hinab auf die immergrüne Ebene belohnt.

Unten:
Der Aufstieg zum Gipfelplateau führt vom ehemaligen Löwentor, von dem freilich nur mehr die monumentalen Pranken erhalten blieben, über steile Stiegen und durch die Spiegelgalerie. Entlang der „spiegelglatt" polierten Felswand hinterließen Besucher zwischen dem 7. und 12. Jahrhundert etliche hundert Inschriften.

Bilder unten:
Sri Lankas Handwerker, vor allem die im Kulturdreieck Anuradhapura-Polonnaruwa-Kandy tätigen, eifern allem schnöden Gewinnstreben zum Trotz in Stil und Perfektion mehrheitlich nach wie vor ihren Vorfahren nach und nutzen auch deren Techniken. Ob als Töpfer oder Steinmetz, beim Schnitzen von Flöten oder Buddha-Statuen: Traditionen werden gewissenhaft gepflegt und über Generationen weitergereicht.

Rechts:
Kunst und Kunsthandwerk sind seit alters und bis heute stark von Glaubensvorstellungen geprägt. Dennoch treibt im Zeitalter des Massentourismus die Kommerzialisierung auch hierzulande an den Besuchermagneten arge Blüten. Ob die Konfektionsware, die dieser Souvenirladen in Polonnaruwa feilbietet, wirklich samt und sonders in heimischen Werkstätten geschnitzt wurde?

Oben:
Den Eckpfeiler des sogenannten „Kulturellen Dreiecks" im geografischen Zentrum des Inselstaates bildet im Osten die Ruinenstätte Polonnaruwa. Dort erinnert diese Ziegelwand eines siebenstöckigen Palasts an Macht und Reichtum von König Parakramabahu I., der hier im 12. Jahrhundert residierte.

Rechts:
Dieser Ziegelbau namens Thuparama ist einer der am besten erhaltenen Tempel von Polonnaruwa. Er birgt die Kolossalfigur eines sitzenden Buddha.

Links:
Eine Hauptattraktion für jeden Besucher Polonnaruwas bildet das „Heilige Viereck“ (Quadrangle). Das Gelände im Herzen der weitläufigen Ruinenstätte umfasst ein ganzes Ensemble höchst eindrucksvoller Baudenkmäler. Einen Blickfang bildet der Vatadage, ein kreisförmiger Reliquienbau, auf dessen erhöhter Terrasse sich, von Säulen umkränzt und einem Buddha flankiert, eine Dagoba erhebt.

Unten:
Der sogenannte Ratssaal ist mit filigranen Reliefs und Tierstatuen verziert. Seine Steinsäulen trugen ursprünglich eine weit auskragende Dachkonstruktion aus Holz.

Oben: Dagobas dienen als Reliquienschreine, aber auch als Symbol für das Zentrum des buddhistischen Universums, den mythischen Berg Meru. Dieses über 2000 Jahre alte Exemplar heißt Abhayagiri und erhebt sich in Anuradhapura.

Rechts: Die am besten erhaltene Dagoba auf dem Ruinengelände von Polonnaruwa ist Kiri Vihara. Ihr Name bedeutet „Milch", ein Hinweis auf den einst leuchtend weißen Kalkputz.

Ganz rechts: Die heute baufällige Jetavana Dagoba in Anuradhapura war im 3. Jahrhundert v. Chr. mit fast 120 Metern das hinter zwei der Pyramiden von Gizeh dritthöchste Bauwerk der Welt.

Oben:
Die klassische Dagoba besteht aus einem halbkugeligen Ziegelbau (anda). Dieser steht auf einer quadratischen Terrasse, trägt auf seinem Scheitel einen würfelförmigen Aufbau (harmika) und darüber einen aus etlichen Scheiben (chattravali) geformten Turmspitz. Die 55 Meter hohe, strahlend weiße Ruwanweliseya Dagoba befindet sich in Anuradhapura.

Links:
Thuparama Dagoba ist der älteste, kolossale Reliquienbau Sri Lankas. Gemäß Überlieferung birgt sie Buddhas rechtes Schlüsselbein. Die sie umstehenden Steinsäulen trugen ursprünglich ein Holzdach.

Linke Seite:
50 Kilometer südlich von Anuradhapura, in dem Dorf Aukana, steht die vermutlich schönste aller Buddha-Statuen Sri Lankas: Die 13 Meter hohe Steinskulptur wird auf das 5. Jahrhundert, die Ära König Dhatusenas, datiert und besticht durch ihren Detailreichtum. Man beachte etwa die feinen Falten des Gewandes.

Rasvehera, in manchen Quellen auch Sasseruwa genannt, liegt etwa zwölf Kilometer westlich von Aukana. Der Ort weist nicht nur einen weiteren stehenden Kolossalbuddha und einen Bodhi-Baum auf, sondern auch mehrere anmutig dekorierte Höhlentempel.

Im Südbereich des Ruinengeländes von Anuradhapura liegt die Anlage von Ruwanweliseya. Den Hof dieses über 2000 Jahre alten Komplexes hat man mit Statuen und Wandmalereien geschmückt.

Oben:
Für den Güter- und auch Personentransport kommt vielerorts, gelinde gesagt, ein wenig veraltetes Fahrgerät zum Einsatz. Busse und LKWs werden, wie in ganz Süd(ost)asien üblich, häufig heillos überladen. Den technischen Zustand mancher Gefährte darf man getrost als fragwürdig bezeichnen.

Rechts:
Was dazu wohl die bundesdeutsche Autobahnpolizei sagen würde? Doch was soll man tun? Der Dickhäuter gehört eben dringend von A nach B verfrachtet. Immerhin hat man ihm Proviant in Form grünen Geästs mit auf den Weg gegeben.

Links:
Die Verkehrsverhältnisse auf Sri Lankas Straßen kann man nicht anders als prekär bezeichnen. Selbst Fernstrecken sind meist nur zweispurig ausgebaut und die Verkehrsregeln werden eher weitherzig, nach Lust und Laune ausgelegt.

Unten:
Das Profane und Sakrale liegen im Alltag oft nahe beieinander. Dieses traktorähnliche Gefährt transportiert eine fein dekorierte Buddha-Statue, auf der Ladefläche finden noch ein paar junge Autostopper Platz. Beflaggt ist das Fahrzeug übrigens mit jenem fröhlich bunten Banner, das seit 1950 international als Symbol des Buddhismus gilt.

Oben:
Sanghamitta, eine Tochter des indischen Kaisers Ashoka und Schwester Mahindas, der den Buddhismus auf Sri Lanka begründete, brachte um 230 v. Chr. aus Bodhgaya einen Ableger jenes Bodhi-Baumes mit, in dessen Schatten Siddharta Gautama die Erleuchtung erlangt haben soll. Rund um den Baum entstand Mahavihara, Anuradhapuras erstes Kloster.

Rechts:
Diese meisterhafte Skulptur wurde vor rund 2200 Jahren aus Kalkstein gemeißelt. Sie zeigt den Buddha in Samadhi, dem Zustand tiefster Versenkung jenseits aller Emotion.

Oben:
Hungern muss man als Tourist, unterwegs auf Besichtigungstour, auch im Landesinneren nicht. An den Eingängen zu den wichtigen Sehenswürdigkeiten stehen zur Versorgung mit Snacks, Getränken und auch Leckereien, wie hier in Anuradhapura, vielerorts Kioske bereit.

Links:
Wo auch immer im Land, wie hier in Anuradhapura, eine Buddha-Statue steht, kann man sicher sein, dass die Menschen Opfergaben in Form von Naturalien, vorrangig duftende Blüten, vor ihr ablegen. Breite Kreise der Bevölkerung empfinden für die Lehre des Erleuchteten nach wie vor allerhöchste Wertschätzung.

Vor rund 2400 Jahren gegründet, fungierte Anuradhapura als erste Hauptstadt der Insel und insgesamt 13 Jahrhunderte lang als Residenzstadt. Hier entstanden die ersten buddhistischen Heiligtümer und in der Folge sehr früh schon ein eigenständiger Kunststil. Diese liegenden Buddhas im Felsenkloster Isurumuniya Vihara sind freilich vergleichsweise jungen Datums.

An der südwestlichen Peripherie der von der UNESCO zum Weltkulturerbe geadelten Ruinenstätte Anuradhapura liegt malerisch am Ufer des Teiches Tissa Wewa das Felsenkloster Isurumuniya Vihara. Hauptattraktion dieser aus dem 3. vorchristlichen Jahrhundert stammenden Anlage, die etliche Rundfelsen umfasst, sind ihre zahlreichen in den Stein gemeißelten Basreliefs. Aber auch mehrere Buddha-Figuren heißen Besucher willkommen.

Bei der Fahrt durch das Hill Country sieht man allerorten Teepflückerinnen in Aktion. Ungefähr vier Prozent der Landesfläche sind von Teeplantagen bedeckt. Produziert wird vorwiegend schwarzer, aber auch grüner Tee in einer Vielzahl von Sorten und Qualitäten.

Eine Welt für sich bildet, herrlich grün und mit erfrischend moderatem Klima gesegnet, das zentrale Bergland – das Hill Country, wie die kolonialen Briten diesen ihrer Gesundheit offenbar sehr zuträglichen Landstrich tauften. Immerhin 15 Gipfel ragen hier höher als 2000 Meter über das Meeresniveau. An ihren Hängen regnen die Monsunwolken ab und ermöglichen großflächig intensive Plantagenwirtschaft. Als optisches und thematisches Leitmotiv bei der Fahrt durch dieses äußerst pittoreske Gebiet dient der Tee. Denn nicht nur sind die meisten Hügel von einem zartgrünen Teppich aus Teebüschen bedeckt. Man stößt unterwegs auch häufig auf Teefabriken, die Besuchern ihre Pforten öffnen (und anschließend, klar, zum Einkauf animieren). Einen reizvollen Kontrapunkt setzen die zahlreichen Gewürzgärten, die ebenfalls zu lehrreichen Rundgängen und Kostproben laden. Naturliebhaber haben auch sonst die Qual der Wahl. Soll man, eigentlich ein Muss, das schottisch anmutende Hochland des Horton-Plains-Nationalparks aufsuchen, um den Fernblick vom World's End, einem 880 Meter senkrecht abfallenden Fels, zu erleben? Soll man gar den allen großen Religionen heiligen Adam's Peak erklimmen? Oder lieber, ganz im Norden, die Dumbara Hills durchstreifen, und, ganz im Süden, den Regenwald des Sinharaja-Reservats, den größten noch ursprünglichen der Insel, inspizieren? Soll man bei Haputale zu den Diyaluma Falls, mit 170 Metern immerhin den zweithöchsten des Landes, hochwandern? Unverzichtbar jedenfalls ist ein Aufenthalt in Kandy. Denn zum einen ist allein die Lage dieser letzten singhalesischen Hauptstadt inmitten waldreicher Hügel am Ufer des Kandy Lake von großem Reiz. Zum anderen warten hier zwei zu Recht weltberühmte Sehenswürdigkeiten: der Botanische Garten von Peradeniya und der Tempel des Heiligen Zahns.

Rechts:
Zahlreiche Ausflugslokale und Unterkünfte laden müde Wanderer im Hill Country zur Einkehr. Besonders eindrückliche Landschaftserlebnisse versprechen: nördlich von Kandy die Knuckle Range, im Nahbereich von Nuwara Eliya der Horton Plains National Park und, noch weiter südlich, das Sinharaja Forest Reserve.

Unten:
Der Ramboda-Wasserfall donnert und gischtet nahe der Straße von Kandy nach Nuwara Eliya in die Tiefe. An dem lebensspendenden Nass herrscht auf der Tropeninsel wahrlich kein Mangel. Zu verdanken ist dies dem Monsun.

Oben:
Der Südwestmonsun bringt dem zentralen Hochland alljährlich starke Regenfälle und schafft so ideale Voraussetzungen für intensive Plantagenwirtschaft. Angebaut werden vorrangig Kautschuk und Tee.

Links:
Teebüsche mit Eukalyptusbäumen als Schattenspendern: Das Klima ist in den Central Highlands wohltuend kühl. Die mittlere Tagestemperatur beträgt hier um die 16 Grad. Zum Vergleich: In Colombo klettert das Quecksilber von Februar bis Mai regelmäßig auf über 30 Grad, und in der nordöstlichen Küstenstadt Trincomalee zur Trockenzeit gar auf 35 Grad und darüber.

Oben:
Der Hill Club von Nuwara Eliya. Das zentrale Hochland liegt durchschnittlich 1900 Meter über dem Meer. Wenig verwunderlich, dass sich die Briten, unter der feucht-schwülen Tropenhitze im Tiefland leidend, in der relativen Kühle hier oben wohnlich einrichteten.

Rechts:
Nuwara Eliya, die „Stadt über den Wolken“, verströmt in Teilen noch englisches – oder sollte man vielleicht besser sagen: schottisches? – Flair. Ein Indiz ist die Existenz einer Pferderennbahn, der vermutlich einzigen auf der Tropeninsel heute noch in Betrieb befindlichen.

Fachwerkfassaden im Pseudo-Tudor-Stil, ein penibel gemähter Golfplatz, ein paar Guesthouses und Villen, die (fast) ebenso gut in Blackpool oder Brighton stehen könnten: Das koloniale Erbe in Nuwara Eliyas Ortsbild ist unverkennbar. Das Hügelland, in das Nuwara Eliya hingeschmiegt liegt, wird umkränzt von drei mächtigen Bergen – darunter der mit 2555 Metern höchste Sri Lankas, der Pidurutalagala. Es dürfte vor allem am vielen Regen und Nebel gelegen haben, dass die Kolonialverwaltung in den 1820ern hier ihren später bevorzugten Kur- und Erholungsort gründen ließ.

„Ceylon Tea" – Sri Lankas grünes Gold

Natürlich kann man seinen Durst mit dem Saft der Thambili, der Königskokosnuss, stillen. Die bekommt man von Händlern landauf, landab an nahezu jeder Straßenecke mit der Machete frisch aufgeschlagen. Der Saft ist deshalb hygienisch einwandfrei, außerdem belebend, sehr lecker und dank seines Reichtums an Mineralstoffen gesund obendrein. Natürlich kann man auch am nächstbesten Kiosk einen Soft Drink kaufen. Die Angebotspalette ist so groß wie klebrig und umfasst die üblichen Verdächtigen – von Sprite und Coke bis Red Bull und Schweppes. Doch gemäß der bewährten Reiseregel, es „in Rom zu tun wie es die Römer tun", sollte man, unterwegs in Sri Lanka, in erster Linie dem Genuss des Nationalgetränks Tee frönen – genauer: von „Ceylon Tea", wie er in Kennerkreisen politisch äußerst unkorrekt bis heute heißt; und zwar nach Art der Einheimischen mit reichlich Zucker und Milch versetzt.

Die kometenhafte Karriere eines Kultgetränks

Der Überlieferung nach soll es ein chinesischer Patriarch namens Shennong gewesen sein, der vor ungefähr 5000 Jahren die länglichen, vielfach gezackten Blätter des Teebaums als Lieferanten eines wundersamen Getränks entdeckt haben soll. Wohl nicht zufällig aus China kamen, dies ist historischer Fakt, auch jene ersten Teesträucher, die 1824 im Botanischen Garten von Peradeniya bei Kandy angepflanzt wurden. Freilich dauerte es von da noch fast ein halbes Jahrhundert, bis ein Siedler aus Schottland, er hieß James Taylor, auf seiner Plantage namens Loolecondera nahe Kandy Tee erstmals zu kommerziellen Zwecken anbaute. Wenig später wurden die Kaffeebäume, die bis dahin wichtigste Nutzpflanze für die kolonialen Farmer, flächendeckend von einer verheerenden Krankheit befallen. Im Nu stieg der Teebusch, den die Briten schon seit Jahrzehnten im indischen Assam und Darjeeling anbauten, zur profitablen Alternative auf. Hunderte Unternehmer folgten dem Beispiel Taylors – unter ihnen ein gewisser Sir Thomas Lipton, der in riesigem Ausmaß Ländereien von bankrotten Kaffeebauern aufkaufte, darauf Tee pflanzte und als Marketing-Genie „Ceylon Tea", erstmals in Kartons vorverpackt, quasi im Alleingang zur Weltmarke machte.

Über das Hochland verstreut sind bis heute viele Teefabriken in Betrieb, die noch das Flair jener Pioniertage verströmen. Etliche von ihnen – bekannte Adressen sind etwa das Dambetenne Tea Estate nahe Haputale, das Pedro und das Labookelie Tea Estate (beide im Umland von Nuwara Eliya) – locken Besucher mit Führungen. Diese lohnen aus mehrerlei Gründen – zum einen wegen ihres reizvollen Ambientes. Ein Rundgang gleicht nämlich vielerorts einer Zeitreise in eine frühindustrielle Ära, wo Heerscharen von Arbeitern haufenweise Blätter in merkwürdig altertümliche Maschinen stopfen, später den fertigen Tee teilweise noch händisch in Säcke verpacken, und ein ganz eigener, sinnlich-modriger Duft die lichtarmen Hallen erfüllt. Ebenso spannend freilich ist, was man von den kundigen Führern über die Herstellung des Nationalgetränks erfährt: dass man zum Beispiel die Pflanzen ab ihrem dritten Lebensjahr zu ernten beginnt und in Trockenzeiten alle sieben, in Monsunzeit hingegen alle drei Tage jeweils ihre zwei jüngsten Blätter sowie einen Sprössling, Pekoe genannt, pflückt; dass die erste Phase der Verarbeitung darin besteht, die Blätter etwa 18 Stunden lang auf Nylonnetzen ausgebreitet mit warmer Gebläseluft zu trocknen, man sie hierauf mittels einer Metallwalze zerkleinert, dann mithilfe eines Enzyms zur Gärung, das heißt den Inhaltsstoff Tannin zum Oxidieren bringt und am Ende die Blätter siebt, nach Eigenschaften sortiert verpackt und zur Auktion nach Colombo verfrachtet.

Nicht umhin wird jeder geschäftstüchtige Guide zuletzt auch kommen, zumindest die grundsätzlichen Qualitätsgrade zu erläutern – vom minderwertigen „Staub", der in den Teesäckchen zur Instant-Zubereitung landet, über den von jungen Blättern stammenden Orange Pekoe bis zu den edleren, mit Prädikaten wie „Flowery", „Golden" und „Tippy" versehenen. Und wetten? Wenn man am Ende diverse Sorten verkostet und die feinen Unterschiede einigermaßen wenigstens zu verstehen gelernt hat, wird man nicht anders können, als für die Lieben daheim als Souvenir ein paar Packungen des Original Ceylon Tea zu erstehen. Am besten welche von jener erlesensten aller Sorten, die das Label FTGFOP (Finest Tippy Golden Flowery Orange Pekoe) tragen – jenes Adelsprädikat, das standesbewusste Tee-Connaisseure auf der Britischen Insel mit steifer Oberlippe nur halb im Scherz mit den Worten „Far Too Good For Ordinary People" („Viel zu gut für gewöhnliche Leute") zu übersetzen pflegen.

Links: *Aufguss bitte! Beim Tee wird zwischen diversen Qualitätsstufen unterschieden. Das feinste Aroma liefern Sträucher, die über 1200 Meter Seehöhe wachsen. Ihr Tee, bekannt als High grow oder auch Pekoe, geht überwiegend in den Export.*

Oben: *Teepflückerinnen bei ihrer mühevollen und in der Regel schlecht bezahlten Arbeit. Die meisten Frauen sind Nachkommen jener Tamilen, die in den 1870er-Jahren von den britischen Kolonialherren aus Südindien zur Fron auf den Plantagen der Insel geholt wurden.*

Kleine Bilder rechts, von oben nach unten: *Etwa im Wochenrhythmus wandern die emsigen Hände der Pflückerinnen jeweils erneut über jeden Teestrauch einer Plantage, um ihre Körbe zu füllen. Den erlesensten Tee liefern die jüngsten Blätter sowie jene der Blüten.*

Bei einer Führung, hier in der Glenloch-Teefabrik, kann man die einzelnen Arbeitsschritte, vom Trocknen und Aufbrechen der Blätter bis zur Sortierung und Verpackung nach Qualitätsgraden miterleben.

Zur beschleunigten Herstellung von mittelklassigem Tee, wie er vor allem in Teebeuteln Verwendung findet, wurde das CTC-Verfahren entwickelt: „Crush" bezeichnet das maschinelle Zerbrechen der gewelkten Blätter, „tear" das Zerreißen und „curl" das Rollen zu kleinen, gepressten Pellets.

Zu den wohlschmeckendsten Souvenirs aus Sri Lanka zählen zweifelsohne einige Päckchen Tee. Im Hochland, vor allem in und um Nuwara Eliya, bieten etliche Fabriken die Möglichkeit zu verkosten und danach zu erstaunlich niedrigen Preisen kaufen.

Unten und ganz unten:
Als wäre die Zeit zum Stillstand gekommen: An der Bahnstation von Ella, einem beliebten, weil überaus malerischen, über weite Strecken noch sehr britisch anmutenden Städtchen am Ostrand des Hill Country, hat sich seit vielen Jahrzehnten kaum etwas geändert. Und auch die jungen Männer an der Schranke zeigen eine Geduld und Gelassenheit, auf die man in großen Städten kaum mehr trifft.

Rechts:
Ein Fernverkehrszug der Sri Lanka Railways (SLR) überquert auf der Strecke Badulla-Colombo in der Provinz Uva die Neun-Bogen-Brücke. Seit die britische Kolonialverwaltung 1867 die erste Bahnstrecke von Colombo nach Kandy eröffnet hat, wurde das Streckennetz sukzessive erweitert. Heute verfügt nahezu jeder größere Ort der Insel über einen Schienenanschluss.

Links und unten: Die Singhalesen, also rund 70 Prozent der Bevölkerung, sind Buddhisten. Die tamilische Minderheit hingegen hängt dem Hinduismus an, weshalb man immer wieder auch auf südindisch anmutende Tempel trifft. Dieser Torturm (Gopuram) gehört zu einem Tempel namens Sri Muthumariamman Thevasthaman. Er steht in Matale und ist, wie bei solchen Kultbauten üblich, überreich mit grellbunten Figuren bestückt.

Ganz unten: Wenige Kilometer südöstlich von Nuwara Eliya steht der Hindu-Tempel Sita Amman. Kunsthistorisch ist er von keinem Belang. Doch ist er Sita, der Gattin von Lord Rama, geweiht und steht, so will es die Legende, an jenem Ort, an dem der Dämonenkönig Rawana die Schöne gefangen hielt.

Unten:
Neben Tee und Kautschuk ist Reis eines der wichtigsten Agrargüter der Insel. Doch trotz der großen Anbauflächen deckt der Ertrag oft nicht einmal zur Gänze den Inlandsbedarf.

Ganz unten:
Eine Führung durch eine Gewürzfarm in Matale. Kardamom und Koriander, Nelken, Kreuzkümmel, Chili und insbesondere Pfeffer sind wesentlicher Bestandteil der sri-lankischen Küche und weckten als Handelsgut schon früh die Begehrlichkeiten arabischer und europäischer Seefahrer.

Rechts:
Terrassierte Reisfelder in der Provinz Matale. Bereits im 5. Jahrhundert n. Chr. errichteten die Singhalesen ausgeklügelte Bewässerungssysteme.

Seite 92/93:
Malerisch am Ufer des Kiri Muhuda (Kandy Lake) liegt der ehemalige Palastbezirk von Kandy. Dieser umfasst neben dem berühmten Tempel des Heiligen Zahns auch das Archäologische und das Nationalmuseum.

Linke Seite:
Dem Königspalast Sri Vikramarajasingha in Kandy vorgebaut und durch einen Wassergraben geschützt, zieht Dalada Maligawa, der Zahntempel, alle Blicke auf sich und nach wie vor täglich unzählige Pilger in seinen Bann.

Im Obergeschoss des Zahntempels befindet sich eine von Stoßzähnen flankierte, mit einem kostbar bestickten Vorhang verhängte Tür. Sie wird zu den Andachtszeiten, dreimal täglich für eine Stunde, unter großem Trommelwirbel geöffnet, sodass der Blick auf das Allerheiligste, den Reliquienschrein, frei wird.

Im Vorraum des Schreins, der die wertvollste Reliquie der Insel, den rechten oberen Eckzahn des Buddha birgt, sammeln sich die Gläubigen zum Gebet und bringen ihre Opfergaben, vor allem bergeweise duftende Blüten, dar.

Das Queens Hotel wurde in den 1860er-Jahren eröffnet und zählt zu den architektonischen Wahrzeichen der Altstadt von Kandy. An der Dalada Vidiya, in Sichtweite des Zahntempels gelegen, verströmt es nach wie vor ein wenig von der Grandezza längst vergangener, kolonialer Zeiten. Das Gros der ungewöhnlich geräumigen Zimmer geht leider auf die viel befahrene Straße, hier ist es demnach nicht eben leise.

Oben:
Eine Schulklasse auf Exkursion im Botanischen Garten von Peradeniya. Die Geschichte der Anlage lässt sich bis in das Jahr 1371 rückverfolgen. Damals ließ Vikrama Bahu II. auf dem Areal einen Palast bauen und rund um diesen Lustgärten anlegen.

Bilder links:
In seiner heutigen Gestalt stammt der Garten von Peradeniya aus dem frühen 19. Jahrhundert. Auf dem 80 Hektar großen Gelände gedeihen von Orchideen, Lotos und Wasserlilien über Bambus, Palmen, Gewürzpflanzen und Kräutern bis zum Musskatnussund Mahagoni-, Gummi- und Feuerbaum so gut wie alle tropischen Pflanzenarten Asiens.

Links:
Touristisch steht die Ostküste als Folge des langjährigen Bürgerkriegs und auch wegen massiver Tsunami-Schäden noch eindeutig im Windschatten ihres Gegenübers im Westen. Doch das Potential ist gegeben, wie dieses Foto vom Strand von Nilaveli zeigt.

Unten und ganz unten:
Uppuveli ist, neben Nilaveli, der zweite Traumstrand im nördlichen Abschnitt der östlichen Küste, dem Kenner eine große Karriere als Touristenmagnet prophezeien. Die nahegelegene Küstenstadt Trincomalee wird seit der Antike von Seefahrern als einer der feinsten natürlichen Tiefseehäfen in ganz Asien gerühmt.

Oben:
12,6 Prozent der Bewohner Sri Lankas sind Hindus. Die bunte Vielfalt ihrer Götterwelt spiegelt sich, wie hier am Torturm des Koneswaram Kovil, einem hochverehrten Felstempel in Trincomalee, am Fassadenschmuck jedes hinduistischen Heiligtums wider.

Rechts und ganz rechts:
Zu den zentralen Ritualen des religiösen Alltags gehört im Hinduismus wie im Buddhismus die Puja. Im Zuge der sehr stimmungsvollen Zeremonie wird aus den Veden, den heiligen Schriften, zitiert und Weihrauch verbrannt. Dazu bringt man den Göttern Opfergaben dar.

Ganesha mit dem Elefantenkopf, Vishnu, eine Lotusblume tragend, und der „glückverheißende" Shiva mit dem Dreizack oder auf seinem Stier Nandi reitend: Für europäische Geschmäcker mögen diese Skulpturen im Koneswaram-Tempel in Trincomalee die Grenze zum Kitsch überschreiten. Doch für ihre Schöpfer zählen, viel mehr als die künstlerische Ausgestaltung, der geistige Gehalt und die Hingabe, mit der sie hergestellt und später von den Gläubigen angebetet werden.

Unten und ganz unten:
Bei Ausländern populär sind die zweifelsohne schönen Strände der Süd- und Westküste. Noch etwas im Abseits liegen die Beaches im Osten – völlig zu Unrecht, wie etwa die paradiesischen Uferabschnitte von Kalkudah und Passekudah (hier im Bild) beweisen. Die liegen nördlich von Batticaloa und sind mit ihrem feinen Sand und dem seichten Wasser insbesondere auch für Familienurlaube ideal.

Rechts:
Pool und Strand des Hotels Jetwing Beach in Negombo. Nach einer langen, durch Bürgerkrieg und Tsunami bedingten Durststrecke hat Sri Lankas Hotellerie in den letzten Jahren an Vielfalt und Qualität stark zugelegt. Die Bandbreite reicht von niedrigpreisigen Familienpensionen bis schicken Boutiquehotels und Großanlagen internationaler Betreiber.

Ländliche Tropenidyllen – der Süden

Eine Tropenkulisse wie aus dem Bilderbuch: Kein Wunder, dass Unawatuna in jüngsten Jahren zum unangefochtenen Platzhirsch unter den Strandresorts für Rucksacktouristen avancierte.

Sandstrände wie aus dem Bilderbuch, dazwischen geschützte Buchten, ideal zum Tauchen, Schnorcheln, Surfen; im Hinterland: Palmhaine soweit das Auge reicht und in deren Schatten Dörfer, Aberhunderte, deren bäuerliche Bewohner ihren Alltag nach wie vor im generationenalten Andante von Fischfang, Reisanbau und Kokosnuss-Ernten leben ... Der Süden ist jene Region, in der man Sri Lanka als ländliches Tropenidyll mit seinen Traditionen vielleicht am intensivsten erspüren kann. Bis hierher drangen im Laufe der Geschichte kaum indische Invasoren vor. Hier regierten von der Hauptstadt Tissamaharama aus schon vor Christi Geburt die Könige über ihr Reich von Ruhuna. Hier dominiert bis heute, wovon die hohe Dichte an buddhistischen Tempeln und Buddha-Statuen sichtbar Zeugnis gibt, uneingeschränkt singhalesische Kultur. Hervorhebenswert sind die Höhlentempel von Mulkirigala und, weit im Osten, als Pilgermagnet, der für Hindus, Moslems und Buddhisten gleichermaßen heilige Tempelbezirk in Kataragama. Die dort allabendlich vollzogene Puja ist ein unvergessliches Erlebnis.

Als Ausgangspunkt der Erkundung empfiehlt sich die altehrwürdige Hafenstadt Galle. Sie besitzt in ihrem Kern, wie auch das östlich gelegene Matara, ein imposantes Fort und weitere gut erhaltene, authentische Architektur aus kolonialer Zeit. Auf Naturliebhaber warten im Landesinneren großflächige Nationalparks, namentlich der von Yala und Uda Walawe mit ihren großen Elefantenherden. Auch der Besuch der „Stadt der Edelsteine", Ratnapura, empfiehlt sich – der Minen und Werkstätten wegen, und vielleicht gleich auch, um einen schmucken Rubin, Saphir oder Topas günstig zu erstehen? Bei der gemächlichen Fahrt entlang der Küste lädt eine lange Reihe idealtypischer Strände zum Schauen und (Sonnen-) Baden. Zu deren schönsten zählen: Unawatuna, Thalpe, Koggala, Ahangama, Midigama, Weligama, Mirissa und Tangalla. Und sogar Wale (von Mirissa aus) und Schildkröten (am Rekawa Beach) lassen sich, etwas Geduld und auch Glück vorausgesetzt, an diesem von der Natur gesegneten Küstenabschnitt beobachten.

WAFA

Oben:
Die All Saints Church im Fort, dem alten holländischen Stadtkern von Galle. Laut jüngstem Zensus sind 7,4 Prozent der 22 Millionen Sri Lanker Anhänger einer christlichen Glaubensrichtung.

Rechts:
Diese Mädchenklasse einer Schule im Stadtzentrum von Galle trainiert eifrig für das Jahresabschlussfest. Verglichen mit anderen Nationen seines Status ist Sri Lankas Leistungsausweis im Bildungswesen vorbildlich: Mehr als 90 Prozent der Bevölkerung sind des Lesens und Schreibens mächtig.

Seite 106/107:
Schon die Portugiesen bauten in Galle ein Fort, das jedoch in der Hauptsache dem Schutz gegen Angreifer aus dem Landesinneren dienen sollte. Die Holländer befestigten den Wehrbau dann auch zur Seeseite hin.

Links:
Die Hafenstadt Galle ist in ihrem historischen Kern holländisch geprägt. Dieser buddhistische Tempel mit seiner schneeweißen Stupa, er steht im Stadtteil Fort und heißt Sri Sudharalaya, ist jedoch eindeutig einheimischen Ursprungs.

Unten:
Proper herausgeputzt lädt dieses Guesthouse in Hikkaduwa zur behaglichen Nacht. In so gut wie allen Küstenorten mit schönen Stränden bieten neben größeren, arrivierten Hotels auch viele privat betriebene Bed-and-Breakfast-Pensionen Zimmer an.

Rechte Seite:
Am zweiten Weihnachtstag des Jahres 2004 wurde Sri Lanka von jenem Tsunami getroffen, den ein Seebeben der Stärke 9,3 vor der östlich gelegenen Insel Sumatra ausgelöst hatte. Weite Teile der Küsten wurden von der Riesenwelle verheert. Mehr als 30 000 Menschen verloren ihr Leben. Die meisten wurden ins Meer gespült. Nur wenige fanden, wie hier unweit von Galle, auf einem Friedhof ihre letzte Ruhe.

Bis zu drei Meter werden ausgewachsene Warane lang. Doch für den Menschen stellen die Tiere, die sich hauptsächlich von größeren Insekten und Schlangen ernähren, keine Gefahr dar. Wäre es anders, würden die Fußgänger und Rollerfahrer auf dieser Kreuzung in Galle dem vierbeinigen Passanten gewiss mehr Beachtung schenken.

Draußen auf der Straße geht's gelegentlich recht rücksichtslos und ruppig zu. Umso behaglicher will es der Busfahrer in seiner Kabine haben. Wie er staffieren viele Berufslenker ihren Arbeitsplatz mit bunten Glücksbringern und Devotionalien aus.

2243 Meter ist der Sri Pada hoch und noch höher seine spirituelle Bedeutung. Buddhisten wie Hindus, Moslems wie Christen gilt er als Pilgerziel schlechthin. Denn auf ihm sollen laut Legenden sowohl Gott Shiva als auch Buddha Fußabdrücke hinterlassen haben. Auch der Apostel Thomas soll ihn bestiegen, und Adam nach der Vertreibung aus dem Paradies auf ihm erstmals seinen Fuß auf die Erde gesetzt haben. Weshalb der geheiligte Berg heute auch Adam's Peak heißt. Der Aufstieg zum Gipfel führt 6,5 Kilometer weit über mehr als 5000 Stufen. Er dauert zwischen drei und vier Stunden.

Oben:
Für gewöhnlich stapfen die Pilger unten im Tal in der Stunde nach Mitternacht los, um den Gipfel des Adam's Peak bei Tagesanbruch zu erreichen. Das Erscheinen der Sonne wird dann mit großem Jubel quittiert. Das sich entfaltende Landschaftspanorama ist grandios, und besonders erhebend der Anblick des gigantischen Schattens, den der heilige Berg auf die niedrigeren Gipfel beziehungsweise auf die Wolken wirft.

Links:
Auf der Bergspitze steht ein Tempelkomplex. Jeder Ankömmling darf dort entsprechend der Anzahl seiner bisherigen Aufstiege ein, zwei, drei Mal oder eben öfter eine Glocke schlagen.

__Linke Seite:__
Der ideale Ausgangspunkt für den Aufstieg auf den im äußersten Südwesten des zentralen Hochlands gelegenen Adam's Peak ist Ratnapura. Die Hauptstadt der Provinz Sabaragamuwa ist als „Stadt der Edelsteine" weithin berühmt.

Ratnapuras Reichtum an Edelsteinen war schon um die Zeitenwende Griechen, Arabern und Chinesen bekannt. Heute sind hier in der Verarbeitung und im Schmuckhandel vor allem Migranten aus Thailand und China tätig. In manchen Werkstätten kann man ihnen als Tourist bei der Arbeit über die Schulter schauen.

Saphire, Rubine, Topase, Mondsteine, Aquamarine: Im Erdboden und auch in den Flüssen der Gegend um Ratnapura harren immer noch reiche Schätze ihrer Entdeckung.

Willkommen an der Südspitze Sri Lankas. Das quirlige Universitätsstädtchen Matara liegt an der Mündung des Nilwara Ganga, einem idealtypischen, seit alters genutzten Naturhafen. Es besitzt zwei Forts und eine Reihe schöner Gebäude, beides aus holländischer Kolonialzeit, und ist auch ein Hotspot der Fischerei. Touristenmagnet Nummer eins sind aber die schönen Strände der Umgebung, etwa Ahangama Beach, an dem es sich herrlich surfen lässt.

Rechte Seite: Fischerboote am Strand von Koggala. „Bäume des Lebens" nennt man die Kokospalmen auf Sri Lanka. Der Saft ihrer Nüsse wird getrunken, das Fleisch zu Milch und Öl verarbeitet. Die harte Schale verwandelt man in Holzkohle, die Fasern in Bürsten, Besen, Fußmatten und Matratzen.

Unten:
Gastfreundschaft ist im Reiseland Sri Lanka keine leere Marketingformel. Im Gegenteil: Eine Schale Tee wird Gästen, gemeinsam mit einem Lächeln, allüberall kredenzt. Es muss ja nicht immer gleich so formvollendet geschehen wie hier, samt Petits Fours im hocheleganten Hotel Amangalla in Galle.

Rechts:
Ein Bild, das an grauen, nass-kalten November- oder März-Tagen daheim in Erinnerung das Herz erwärmt: eine Hotelanlage am Ahangama Beach an der äußersten Südspitze der Insel.

AYURVEDA – 5000 JAHRE ZUM HEIL DER MENSCHEN

Um sich diesem Thema mit der gebührlichen Ernsthaftigkeit zu widmen, ist vorab radikales Umdenken erforderlich. Man vergesse für einmal die uns geläufigen Vorgaben westlicher Schulmedizin! Ein wenig zumindest zu erhellen gilt es hier eine an die 5000 Jahre alte, hochkomplexe Gesundheitslehre, die in Nordindien entwickelt wurde, bereits in den frühhinduistischen heiligen Schriften, den Veden, ausführlich Erwähnung fand und in Sri Lanka bis heute breite Anwendung findet. Sie sei, sagen ihre Anhänger, „göttlichen Ursprungs". Und in der Tat widerspricht sie vielen naturwissenschaftlichen Erkenntnissen, berührt dafür spirituelle Ebenen, die abendländischem Denken nur schwer zugänglich sind. Ayurveda – der Begriff stammt aus dem Sanskrit und lässt sich mit „Wissenschaft vom Leben" übersetzen – geht davon aus, dass jeder Körper auf dem Zusammenspiel von fünf grundlegenden Elementen, Feuer, Wasser, Erde, Luft sowie dem feinstofflichen Äther, basiert. Drei sogenannte Doshas, als vitale Energien oder auch Temperamente zu verstehen, regulieren, so das Konzept, den Organismus: pitta (Feuer und Wasser), kapha (Wasser und Erde) sowie vata (Luft und Äther). Sie haben im Nerven-, dem Verdauungs- und dem Immunsystem ihre Entsprechung. In jedem Menschen stehen diese Lebensenergien in einem individuellen Mischungs- und Wirkverhältnis zueinander und bestimmen damit seine „Konstitution". Krank sei man, wenn diese drei Energiesphären, etwa durch Schlafmangel und Stress, falsche Ernährung oder Gifte aus dem Gleichgewicht geraten sind. Störungen bereits im frühen Stadium eines Unwohlseins zu erkennen, deren Ursachen zu identifizieren und zuguterletzt die Doshas so weit wie möglich wieder miteinander in Einklang zu bringen – dies strebt Ayurveda an.

Im Gegensatz zu der, grob gesprochen, symptombezogenen, auf Beseitigung der Krankheitsauslöser zielenden Schulmedizin, bedient sich diese „Lebenswissenschaft" ganzheitlicher Methoden. So bezieht sie in ihre Betrachtungen etwa ausdrücklich den Lebensstil des Patienten ebenso wie die Wechselwirkung zwischen Organismus und Psyche sowie zwischen dem Individuum und seiner Umwelt ein. Zu Behandlungsbeginn trachten Ayurveda-Ärzte durch Riechen, Sehen, Hören, Tasten und Fragen sowohl die „Natur" des Betroffenen als auch das Wesen seiner Erkrankung zu diagnostizieren. Eine Pulsdiagnose soll Auskunft über Zustand und Zusammensetzung der Doshas geben. Parallel wird die Pakriti analysiert, jene während des Lebens unbeeinflussbare „Ursubstanz" des Menschen, die sich durch die Umstände der Zeugung und Schwangerschaft sowie astrologische Konstellationen bestimmt. Um allfällige „Dysbalancen" wieder zu harmonisieren, kommen Yoga und transzendentale Meditation ebenso zum Einsatz wie Atemübungen, Wickel, Bäder, Farb-, Musik- und Aromatherapie. Massagen mit genau auf den Patiententyp abgestimmten Kräuterölen werden verabreicht, darunter Shirodhara, die bekannte Ölgussmassage, bei der fortlaufend ein feiner Strahl warmen, duftenden Öls auf das „dritte Auge" in der Stirnmitte fließt. Maßgeblich setzt Ayurveda auch auf die Heilkraft von Gewürzen und Kräutern. Rund 5000 Pflanzen umfasst das phytopharmakologische Repertoire, die man häufig mit Metallen und Mineralien kombiniert. Die seit alters als Geheimnis gehüteten Rezepturen richten sich nach fünf Faktoren – den Eigenschaften, dem Geschmack und Effekt nach der Verdauung sowie der Thermik, also Wärme, und der spezifischen Heilwirkung. Mehrere tausend Substanzen, meist sogenannte sekundäre Pflanzenstoffe, entfalten dabei, so die Überzeugung, unter anderem verdauungsfördernde, blutdrucksenkende, krebs- und entzündungshemmende Wirkung.

Vorbeugung und Heilung

Die Ausbildung zum ayurvedischen Facharzt dauert etliche Jahre, und eine seriöse Behandlung unter ärztlicher Aufsicht mindestens drei Wochen. In der Tat finden sich auf Sri Lanka zahlreiche Ayurveda-Zentren, die sich auf dieser Basis der medizinischen Vorbeugung und Heilung vor allem chronischer Krankheiten widmen. Doch größer ist die Zahl jener Institute, die sich vor allem an Touristen wenden. Sie offerieren für gewöhnlich ayurvedische Anti-Stress- und

Links:
Eine alte Miniatur aus Indien illustriert die aus Indien stammende, jahrtausendealte Heilkunst. Die Pulsdiagnose spielt im Ayurveda, der „Wissenschaft vom Leben", eine wesentliche Rolle.

Oben:
Zu den klassischen Behandlungsmethoden zählt Shirodhara, die Ölgussmassage. Aus einem Topf oder einer Flasche fließt warmes, duftendes Öl in feinem Strahl auf die Stirn. Die Wirkung: tiefe Entspannung, die Kopfschmerzen, Depressionen und Schlaflosigkeit lindern soll.

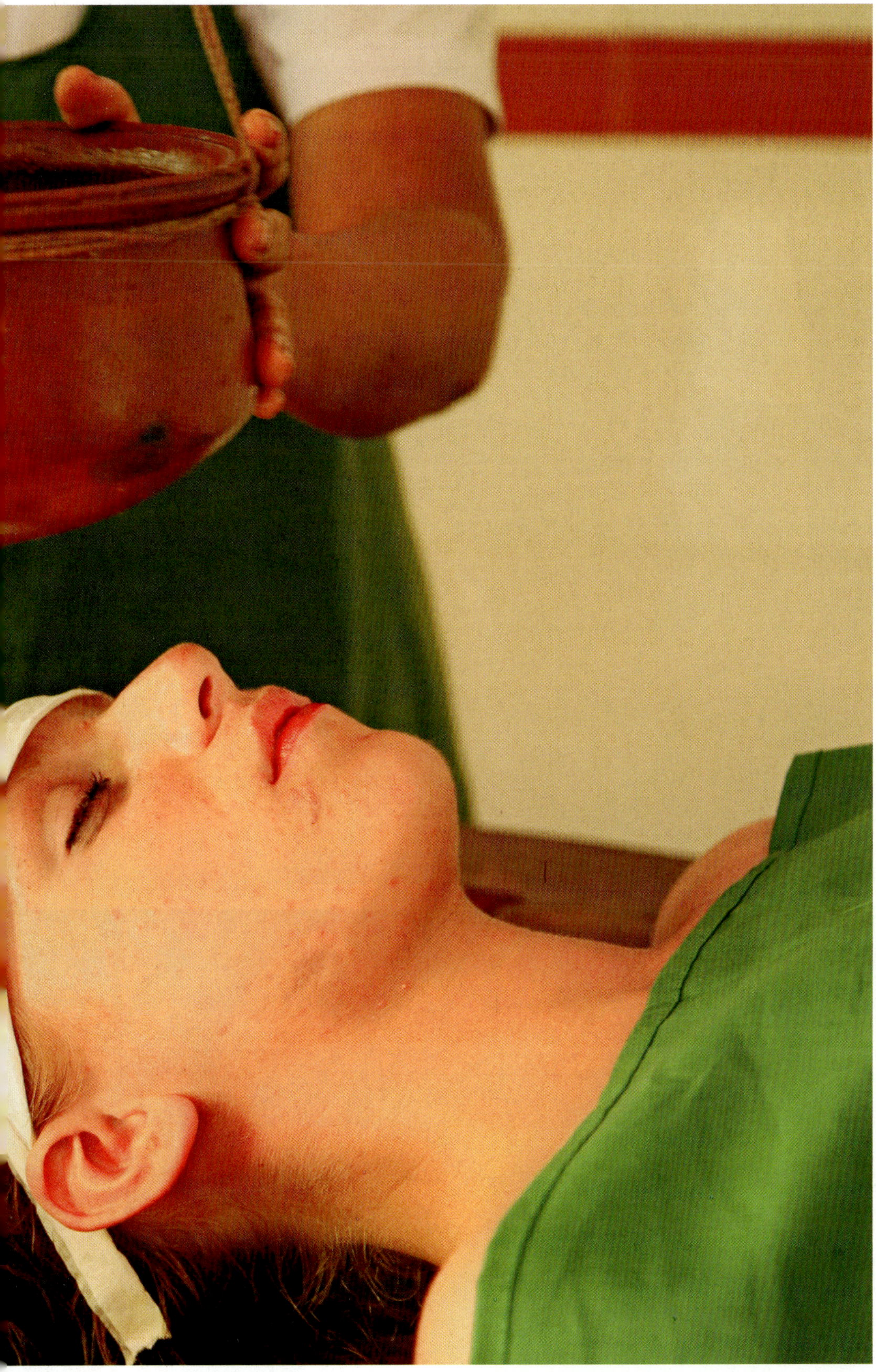

Wellness-Pakete, bestehend aus Dampf- und Kräuterbädern, Yoga, Massagen, Meditation und diversen kosmetischen Behandlungen. Solche „sanften“ Versionen haben, man mache sich nichts vor, meist nur wenig mit der echten altindischen Heilkunst zu tun. Geringachten sollte man aber auch ihren Effekt nicht. Schließlich kehrt man auch aus einer nur wenige Tage dauernden Instant-Kur irgendwie durchgeputzt, verjüngt und entspannt nach Hause, in den stressigen Alltag zurück.

Rechts oben:
Ein Erlebnis für alle Sinne ist der Besuch in einer auf Ayurveda spezialisierten Apotheke. Die Vielzahl an Tiegeln, Schächtelchen und Fläschchen macht die Komplexität dieser uralten Heilkunst auch Laien erahnbar.

Rechts Mitte:
Kräuter und Gewürze, Öle, Wurzeln, Tees und vielerlei sonderbare getrocknete Substanzen gehören zum Sortiment einer ayurvedischen Apotheke. Sie finden im Hausgebrauch wie auch im klinischen Bereich Anwendung.

Rechts:
Ingredienzien für die Ayurveda-Behandlung im Hotel The Fortress am Koggala Beach. Doch die traditionelle Heilkunst spielt auch im einheimischen Gesundheitswesen eine zentrale Rolle. Praktiker werden von staatlicher Seite systematisch ausgebildet.

Oben:
Nicht weniger als 64 Inseln liegen über das Mündungsgebiet des Maduganga verstreut. Einheimische befahren den Archipel mit Kanus, die teilweise noch aus Holz, teilweise aus Kunststoff gefertigt sind. Für touristische Rundfahrten stehen stabilere Mehr-Personen-Boote zur Verfügung.

Rechts:
Großartige Naturerlebnisse können Teilnehmer von Bootsafaris erwarten. Diese führen von dem Küstendorf Balapitiya aus flussaufwärts und in die Lagune des Maduganga. Hier, unweit der bekannten Badeorte Ahungalla und Koskoda, haben sich noch recht weitflächig Mangrovenwälder erhalten.

Mit ihrem undurchdringlichen Dickicht aus Wurzeln schützen Mangroven die Küste vor Erosion und das Hinterland vor Stürmen und Fluten. Sie dienen Fischen und Reptilien als Brutgebiete. Auch unzählige Vogelarten sind hier heimisch oder machen, auf ihren Wanderzügen zwischen den Kontinenten, Rast. Auch in Sri Lanka leiden diese so wertvollen Biotope unter Raubbau und Verschmutzung, doch kümmern sich Umweltschutzorganisationen, teilweise durchaus mit Erfolg, um deren Erhaltung.

Oben:
Ein Mönch in der südwestlichen Küstenstadt Aluthgama beim morgendlichen Putz des Tempels. Die Tätigkeit des Bodenfegens gilt als hilfreiche Übung, auch Alltagsarbeiten tunlichst mit meditativer Aufmerksamkeit zu verrichten.

Rechts:
Mönche des Kothduwa-Tempels bei der Hausarbeit. Anders als Außenstehende vielleicht vermuten, widmet man sich in Klöstern nicht ausschließlich der asketischen Weltflucht. Auf dem Tagesprogramm stehen sehr wohl auch profane Pflichten.

Der zentrale Unterrichtssaal und ein Klosterschüler im Sri-Pushparama-Tempel in dem Küstenort Balapitiya. Auf Sri Lanka ist es Brauch, dass heranwachsende Männer für begrenzte Zeit, einige Monate oder ein halbes Jahr, in ein Kloster gehen. Viele ziehen sich später, im Laufe des Lebens, immer wieder zwecks innerer Läuterung für einige Wochen hinter Klostermauern zurück.

Unten und ganz unten:
Die Körperhaltung (asana) sowie die Gestik seiner Hände (mudra) besitzen, je nach Darstellung des Buddha, eine spezielle Symbolik. Diese, künstlerisch freilich wenig überzeugende, Figur befindet sich im Kothduwa-Tempel. Sie zeigt den Erleuchteten liegend – in jenem Augenblick, in dem er in das Nirwana eingeht, also stirbt. Im selben Tempel ist auch obiges Foto mit dem ins Kolossale vergrößerten Sutrentext entstanden.

Rechts:
Der Kothduwa-Tempel alias Koth Duwa Raja Maha Viharaya auf der gleichnamigen Insel am Unterlauf des Maduganga. In ihm soll, so besagt die Legende, ursprünglich der berühmte Zahn des Buddha, der heute in Kandy verehrt wird, aufbewahrt worden sein.

Seite 128/129:
Wer bei diesem Anblick sein Herz nicht höher schlagen spürt, sollte lieber daheim in den eigenen vier Wänden bleiben: der Strand von Ahungalla, knapp 80 Kilometer südlich von Colombo.

Oben:
Harte Arbeit vor Traumkulisse: Das malerische Tableau aus Palmenhain, Sandstrand und Meereswogen bei Ahungalla darf nicht darüber hinwegtäuschen, dass der Alltag der örtlichen Fischer alles andere als eine Idylle ist. Das alte Holzboot zielstrebig durch die Brandung zu manövrieren, dazu braucht es langjährige Routine und viel Muskelkraft.

Rechts:
Tuk Tuks wie dieses sind in Sri Lanka als billige Transportmittel unverzichtbar und allgegenwärtig. Dieses Gefährt parkt im Schatten einer Palme am Strand von Koskoda, der berühmt und ökologisch überaus wertvoll als Brutgebiet für Meeresschildkröten ist.

Oben und links:
Strandimpressionen von der Südwestküste: Hikkaduwa (oben), der ehemalige Hippie-Treff, ist heute von Backpackern und Budget-Touristen in Beschlag genommen. Merklich gediegener und ruhiger präsentiert sich der Küstenabschnitt bei Ahungalla.

Seite 132/133:
Eine kuriose Attraktion der Südküste und seit alters eine Inspiration für Schriftsteller und Fotografen stellen die berühmten Stelzenfischer dar. In flachen Buchten sieht man Gruppen von Männern auf hölzernen Stelzen hocken und mit speziellen Ködern versehene Angeln auswerfen, mit denen sie kleine Fische aus dem Meer holen.

Register

INDIEN
Indischer Ozean
Valved-dittturai
Point Pedro
Kankesanturai
Karaitivu
Kantharodai
Chunnakam
Hammenhiel Fort
Urundi Fort
Jaffna
Velanai
Chavakachcheri
Mandaitivu
Nallur Kandaswamy
Neduntivu
Punkudutivu
Vediresan Koddai
Jaffna Lagoon
Elephant Pass
Pooneryn
Fort
Chundikkulam Vogel-Schutzgebiet
Kachchativu
Palk Bay
Kilinochchi
Puthukkudiyiruppu
Iranaitivu
Mullaittivu
Mulliyavalai
Talaimannar
Mannar
Adam's Bridge
Mankulam
Fort
Mannar
Vidattaltivu
Kokkilai
Puliyankulam
Giant's Tank
Madhu Road Schutzgebiet
Yan Oya
Kirche
Madhu
Aruvi Aru
Vavuniya
Golf von Mannar
Paraiyanalan-kulam
Nilaveli
Koneswaram Kovil
Fort Frederik
Trincomalee
Fort Ostenburg
Koddiyar Bay
Medawachchiya
Horowupotana
Kinniya
Foul Point
Karaitivu
Wilpattu NP
Rambewa
Mutur
Wald-Klöster
Kantale
Anuradhapura
Mihintale
Mahaweli Ganga
Anuradhapura Antike Stadt
Sri Maha Buddha
Somawathie Chaitiya Reservat
Fort
Kalpitiya
Kala Oya
Alut Oya
Kathiraveli
Tambuttagama
Ritaigala Schutzgebiet
Talawila
Puttalam Lagoon
Maradankadawala
Ritaigala 766 m
Habarana
Flood Plains NP
Puttalam
Kalawewa
Minneriya NP
Elephant Point
Vandeloos Bay
Aukana Buddha
Palavi
Sasseruwa Buddha
Sigiriya Felsenfestung
Sigiriya
Polonnaruwa
Welikanda
Kalkudah
Valachchenai
Ambanpola
Polonnaruwa Antike Stadt
Felsentempel
Dambulla
Maho
Yapahuwa Felsenfestung
Raja Maha Vihara
Mundal
SRI LANKA
Chenkaladi
Eravur
Galewela
Batticaloa
Deduru Oya
Fort
Nalanda Gedige
Kattankudi
Arankele
Wariyapola
Gewürzgarten
Chilaw
Munnesvaram Tempel
Fort
Panduvasnuwara Zitadelle
Aluvihara Felsentempel
Maduru Oya NP
Maha Oya
Madampe
Kurunegala
Etagala Vihara
Matale
Kokagala 687 m
Marawila
Nattandiya
Dambadeniya
Ukuwela
Tunhisgala 1.863 m
Kalmunai
Raja Vihara
Kehelula
Sammanturai
Pinawela Elefantenpark
Mahiyangana
Maha Oya
Kandy
Dalada Maligawa
Beligala
Mawanella
Medamahanuwara
Ampara
Portug. Fort
Kochchikade
Kegalla
Senanayake Samudra
Negombo
Peradeniya Botan. Gärten
Potgul Maglia Vihara
Akkaraipattu
Kota Vihara
Kataragama Devale
Katunayake
Gampola
Bibile
Gal Oya NP
Henarathgoda Botan. Gärten
Ja-Ela
Gampaha
Wadinagala
Tirukkovil
Nawalapitiya
Pidurutalagala 2.524 m
Dunhinda Fälle
Muthiyangane Vihara
Welisara
Ragama
Sangamankanda Point
Kitulgala
Badulla
COLOMBO
Kotikawatta
Avissawella
Nuwara Eliya
Passara
Siyambalanduwa
Sitavka
Hakgala Gärten
Sri Jayawardenepura
Hatton
Namunukula 2.036 m
Pottuvil
Dikoya
Ella
Monaragala
Dowa-Höhlentempel
Lahugula NP
Dehiwala-Mount Lavinia
Zoo
Rawana-Höhle
Arugam Bay
Sri Pada (Adam's Peak) 2.243 m
Kirigalpotta (World's End) 2.388 m
Bandarawela
Moratuwa
Horana
Ingiriya
Buttala
Panadura
Ratnapura
Wellawaya
Kalu Ganga
Buduruwagala
Wadduwa
Edelstein-Museum
Pelmadulla
Balangoda
Okanda
Kalutara
Gangatilaka Vihara
Yala NP
Yala East NP
Udawalawe NP
Paiyagala
Matugama
Madampe
Kumana
Lunugamvehera NP
Beruwala
Moragala
Pilger-Zentrum
Korallengärten
Tanamalwila
Kataragama
Gongala 1.358 m
Bentota
Galapata Vihara
Sinharaja Regenwald
Kirindi Oya
Yala
Walawe Ganga
Kosgoda
Deniyaya
Embilipitiya
Galagoda Sailathalaramaya
Wirawila-Tissa Vogelschutzgebiet
Tissamaharama
Balapitiya
Ambalangoda
Udugama
Kirinda
Kahawa
Pitabeddara
Bundala Vogelschutzgebiet
Baddegama
Hikkaduwa
Hiyare Regenwald-Park
Pahala Vihara
Hambantota
Korallengärten
Akuressa
Ranna
Ambalantota
Dodanduwa
Wewurukannale Vihara
Galle
Tangalla
Kataluwa Tempel
Fort
Hummanaya Blow Hole
Habaraduwa
Fort
Ahangama
Dikwella
Kustaraja
Dondra
Weligama
Tabrobane
Matara
Dondra Head
50 km

Das Leben ist nicht immer bequem, aber mit einem Lächeln und einer gehörigen Portion Improvisationstalent lässt es sich allemal gut meistern. In materieller Hinsicht besteht für viele der 22 Millionen Sri Lanker noch zweifelsohne Verbesserungsbedarf. Doch die mit Wärme, Schönheit und immenser Fruchtbarkeit gesegnete Natur ihrer Heimat macht viele Unzulänglichkeiten wett. Und der Glaube, von dem fast alle, seien es Buddhisten, Hindus, Moslems oder Christen, tief durchdrungen sind, verschafft im Alltag Freude und Trost.

Impressum

Buchgestaltung
Matthias Kneusslin
www.hoyerdesign.de

Karte
Fischer Kartografie, Aichach

Printed in Italy
Repro: Artilitho snc, Lavis-Trento, Italien, www.artilitho.com
Druck und Verarbeitung: Grafiche Stella srl, Verona, Italien
www.grafichestella.it

ISBN 978-3-8003-4238-9

Unser gesamtes Programm finden Sie unter:
www.verlagshaus.com

Bildnachweis

Thomas Haltner
S. 5, S. 12/13, S. 14/15, S. 20/21, S. 26/27, S. 28/29 (4 Abb.), S. 30 oben, S. 30 unten, S. 32/33 (6 Abb.), S. 36, S. 37, S. 44/45 (4 Abb.), S. 50–55 (12 Abb.), S. 56 unten, S. 57 oben, S. 57 unten, S. 61 oben, S. 61 unten, S. 64 oben, S. 65, S. 70, S. 71 unten, S. 72 unten, S. 73–75 (6 Abb.), S. 78–81 (5 Abb.), S. 83 oben, S. 83 unten, S. 84 unten, S. 84/85 Mitte, S. 84 rechts oben, S. 84 rechts unten, S. 89 unten, S. 92/93, S. 95 oben, S. 95 unten, S. 97 (4 Abb.), S. 102/103 (3 Abb.), S. 109 oben, S. 115 unten, S. 132/133.

Johann Scheibner
Umschlag vorne, Umschlag hinten, S. 6–11 (3 Abb.), S. 16/17, S. 18/19, S. 22/23, S. 24/25, S. 31, S. 34, S. 35, S. 38–43 (10 Abb.), S. 46–49 (4 Abb.), S. 56 oben, S. 62/63 (4 Abb.), S. 71 oben, S. 72 oben, S. 82 (2 Abb.), S. 84 rechts Mitte (2 Abb.), S. 86–88 (4 Abb.), S. 89 oben, S. 90/91 (3 Abb.), S. 94, S. 96 (2 Abb.), S. 98–101 (9 Abb.), S. 104–108 (4 Abb.), S. 109 unten, S. 110 (2 Abb.), S. 116–131 (26 Abb.), 136.

Walter M. Weiss
S. 58/59 (6 Abb.), S. 60, S. 64 unten (2 Abb.), S. 66–69 (7 Abb.), S. 76/77 (4 Abb.), S. 111–113 (8 Abb.), S. 115 oben.